# 12- Programa de restauración de pasos

## Comienzos Iniciales

*Por sobreviviente a propósito*

# Tabla de contenido

Introducción  7

Paso uno: "Admitimos Que Éramos Impotentes Para Nuestro Abusador- Y La Vida Que Vivíamos Era Inmanejable."..................9

Paso dos: "Llegamos a creer que un poder mayor que nosotros mismos podría devolvernos a la cordura".  22

Paso tres: "Tomamos la decisión de confiar en el Dios de nuestro entendimiento y luego entregar nuestra voluntad y nuestras vidas a él"...............31

Paso cuatro: "Hicimos un inventario moral intrépido y sin miedo de nosotros mismos"..................41

Paso cinco: "Admitimos a Dios, a Nosotros mismos y a Otro Ser Humano la Vergüenza y Humillación de Nuestra Aceptación de la Violencia que Retenía Nuestra Vida"..................56

**Copyright © 2023 Empower Your Life LLC**

Todos los derechos reservados. Ninguna parte de esta publicación puede ser reproducida o transmitida en cualquier forma o por cualquier medio, mecánico o electrónico, incluyendo fotocopia y grabación, o por cualquier sistema de almacenamiento y recuperación de información, sin permiso por escrito del autor o editor (excepto por un revisor, que puede citar breves pasajes y / o mostrar breves clips de vídeo en una revisión).

Descargo de responsabilidad: El Editor y el Autor no hacen ninguna representación o garantía con respecto a la exactitud o integridad del contenido de este trabajo y específicamente renuncian a todas las garantías para un propósito particular. No se puede crear ni ampliar ninguna garantía a través de materiales promocionales o de ventas. El asesoramiento y las estrategias aquí contenidas pueden no ser adecuados para cada situación. Este trabajo se vende con el entendimiento de que el Autor y el Editor no se dedican a prestar servicios legales, tecnológicos u otros servicios profesionales. Si se requiere asistencia profesional, deben solicitarse los servicios de un profesional competente. Ni el Editor ni el Autor serán responsables de los daños y perjuicios que de ellos se deriven.

El hecho de que una organización o sitio web sea referido en este trabajo como una cita y/o fuente potencial de información adicional no significa que el Autor o el Editor respalde la información, la organización o sitio web que puede proporcionar o recomendaciones que puede hacer. Además, los lectores deben ser conscientes de que los sitios web enumerados en este trabajo pueden haber cambiado o desaparecido entre el momento en que se escribió este trabajo y cuando se lee.

Descargo de responsabilidad: Los casos e historias de este libro han tenido detalles cambiados para preservar la privacidad.

**Saliendo Vivo:** ISBN: *Paperback* 978-1-64873-189-1 ISBN: *EBOOK* 978-1-64873-190-7 **Conceptos básicos sobre supervivientes:** ISBN: *EBOOK* 978-1-64873-192-1 ISBN: *Paperback* 978-1-64873-191-4 **Comienzos iniciales:** ISBN: *Paperback* 978-1-64873-193-8 ISBN: EBOOK 978-1-64873-194-5 **12 Guía paso a paso para la restauración:** ISBN: *Paperback* 978-1-64873-195-2

**Impreso en los Estados Unidos de América**

**Publicado por:**
**Editorial del escritor**
**Prescott, Az 86301**

Portada y diseño de interiores por: Marketing de excelencia artística creativa
Gestión de proyectos y lanzamiento de libros por: Marketing de excelencia artística creativa https://lizzymcnett.com
Para más información https://purposedsurvivor.com

**Nacional nacional
Línea directa de abuso
1-800-799-7233**

Paso seis: "Estábamos completamente listos para liberar y pedirle a Dios que eliminara todos estos defectos de carácter".Sección Seis - Imaginación: La imaginación es la tijera de la mente; se crean las imágenes, que toman sus pensamientos y les dan forma. ............ 63

Paso siete: "Humildemente le pedimos que nos quitara nuestras carencias". .................. 72

Paso ocho: 'Hicimos una lista de todas las personas que nos dañaron, y se volvieron dispuestos a hacer la paz con nuestros abusadores y aceptar el juicio es concedido solo por el Dios de nuestro entendimiento."77

Paso Nueve: "Hicimos Enmiendas Directas a Nosotros Mismos y Declaraciones de Perdón a las Personas Que Nos Han Lesionado". ................. 84

Paso diez: "Seguimos buscando la restauración a través de un inventario personal diario y aceptando la responsabilidad............................... 93

Paso once: "Buscamos, a través de la oración y la meditación, mejorar nuestro contacto consciente con Dios tal como lo entendíamos, orando solo por el *conocimiento de su voluntad para nosotros y el poder para llevarlo a cabo".* ................................ *102*

*Paso Doce: "Habiendo tenido un despertar espiritual como resultado de estos pasos, tratamos de llevar este mensaje a otros, y practicar estos principios en todos nuestros asuntos."* ................................ *111*

# Introducción

*Bienvenidos al Programa de Sobreviviente Propuesto 12 Pasos a la Restauración. El libro Comienzos Iniciales es una discusión de los 12 Pasos y 12 Tradiciones del programa PS.* Todos entramos en este programa buscando la restauración de una situación abusiva. En este caso, entendemos las características comunes de los relatos de cada persona, pero escritos o verbales, la restauración de nadie es la misma. Este libro no pretende ser un estudio exhaustivo de los pasos o tradiciones de PS, ni pretende ser el trabajo final sobre cualquier aspecto de la restauración o la unidad de PS. Más bien, está destinado a ayudarle a determinar su interpretación de los principios contenidos en nuestros pasos y tradiciones. Nuestra esperanza es que encuentren un sentido de paz y libertad del proceso de restauración. Rezamos para que encuentre una guía completa para vivir su vida sin existir en las ramificaciones del abuso doméstico. A medida que progresas en el programa, tu participación es lo que mantiene viva la esperanza para el recién llegado. Al relacionar las experiencias de tu pasado, les muestras el camino hacia la libertad y una vida llena de promesas de un futuro brillante.

Cada miembro del PS ha contribuido de alguna manera al contenido de este libro. Ya sea que sea un miembro de larga data o un recién llegado, su experiencia es crucial para el programa y los miembros que practican el proceso de restauración. Fue nuestra conciencia colectiva la que conservó el conocimiento necesario para completar las páginas de este libro y llevar una esperanza continua al sobreviviente que todavía sufre las ramificaciones del abuso doméstico.

Recemos colectivamente este libro trae un valioso masaje terapéutico a su programa de restauración. Es a través de un sobreviviente ayudando a otro que encontramos la restauración, una conexión con nuestro Poder Superior, y el mensaje de esperanza para el futuro.

# Paso uno: "Admitimos Que Éramos Impotentes Para Nuestro Abusador- Y La Vida Que Vivíamos Era Inmanejable."

Sección Uno - Fe: En lo que eres firme en tu pensamiento, eres firme en tu fe.

A primera vista del pasado, podemos verlo y ver destrucción o fracaso, y el éxito o la supervivencia se ocultan de la vista. El miedo, la preocupación y la angustia se habían apoderado de cada proceso de pensamiento que teníamos. Es solo en este momento que realmente podemos ver la luz del día; nuestro pasado y presente deben encontrarse en el medio, por así decirlo, para tener claridad sobre nuestro destino actual.

Sólo después de que reconozcamos la realidad de nuestra situación podremos reconocer el resultado de nuestro modo de vida actual. Para continuar de esta manera solo puede haber un final de tristeza o muerte.

Por lo tanto, debemos encontrar la fuerza para irnos. Sin embargo, este es un punto de nuestra vida en el que reside el mayor peligro. Pero debemos aprender a reconocer que la única manera de encontrar la restauración es partir.

Prepararse para la partida no siempre es una opción, a veces se produce al instante del momento, y residimos sólo en el instinto para guiarnos hacia la seguridad. Es después de la partida y la realidad de nuestras vidas se hace evidente que perseguimos un comportamiento inconsciente sobre por qué debemos regresar. En estos momentos, debemos cesar cualquier acción inmediata y mantener la calma y nunca perder nuestro propósito por la elección que hicimos.

En este paso, aprendemos el verdadero significado de fuerza, resistencia y persistencia. Hay un viejo proverbio italiano que dice: "Conquista a quien perdura". Los antiguos filósofos enseñaban que la manera de eliminar el mal del mundo y del propio cuerpo era declarar perpetuamente: "no hay fuerza ni poder sino en dios el bien".

La fuerza es algo más que una característica física, es un estado mental tanto en la salud como en el pensamiento consciente. Personas que padecen de muchas dolencias no siempre enfermas orgánicamente; su falta de fuerza proviene de debilidad mental, emocional o espiritual.

Trabajando a través de este paso, encontramos la solución de dónde viene la fuerza y cómo soportamos sobrevivir a tal agitación. Es solo después de trabajar a través de estos pasos que podemos entender la naturaleza de nuestra existencia. Comenzamos a entender que los problemas que enfrentamos no siempre fueron de nuestra propia acción, ni fuimos culpables por el abuso que soportamos.

El Paso Uno nos proporciona la fuerza para admitir nuestra impotencia. Sin embargo, la admisión no es suficiente. Debemos aceptar verdaderamente la situación por lo que fue. Nunca podemos esperar un pasado mejor. El pasado es nuestro, sin importar las circunstancias. Donde fuimos y lo que hicimos o no hicimos nunca se puede cambiar. Todo lo que podemos hacer ahora es educarnos en los patrones de comportamiento que nos llevaron a tomar estas decisiones. Al hacerlo, establecemos un mapa claro del pasado, poniendo de relieve los verdaderos problemas detrás de nuestra situación abusiva. Esta claridad nos permitirá avanzar con un sentido de comprensión y pensamiento consciente en cuanto a nuestras acciones en el futuro.

A menudo, evitamos la verdad porque nos causa dolor y vergüenza. Cuando negamos las acciones de nuestro abusador, la fuerza que hemos ganado se pierde una vez más. La aceptación es una parte de la sanación y la restauración. La definición de negación es, "una negativa a creer en algo o admitir que algo existe". Las razones que queremos utilizar para nuestra negación son válidas y serias, pero son la causa de nuestra falta de aceptación. Admitir impotencia sobre cualquier situación es difícil, incluso inquietante a veces. Sin embargo, solo podemos esperar la restauración cuando nos rendimos y confiamos en el Dios de nuestro entendimiento. Su guía y voluntad pueden aliviar cualquier incomodidad que podamos estar sintiendo.

Cuando nos encontramos en situaciones que están fuera de nuestro control y no hay espacio para escapar sin lesiones, ha llegado el momento de un cambio. Ninguna relación debe estar nunca abierta al abuso de ningún tipo, mental o físico.

En un momento dado, si miras de cerca tu situación, hay señales de que la mayoría de nosotros no quería ver y mucho menos sentir. Estas pistas dieron la visión que necesitábamos para enfrentar el abuso, ya sea antes o justo después de que comenzara. Desafortunadamente, todos estamos buscando amor y una base sólida para la familia, una en la que podamos estar seguros y encontrar seguridad. Eran estas mismas razones por las que nos quedamos cuando nuestra mente y nuestro corazón nos dijeron que nos fuéramos. A medida que el tiempo avanzaba y la situación empeoraba, comenzamos a negar el abuso y el comportamiento violento. La realidad de las circunstancias se vuelve demasiado difícil de soportar. Nuestras mentes, sentimientos y espíritu murieron dentro. Simplemente existimos a partir de ese momento.

Pasamos de ser alguien que amaba la vida y quería lo mejor para nuestro ser y nuestra familia a alguien que ni siquiera podíamos reconocer en el espejo. Al no ser más que muertos por dentro, nuestros días se llenaron de tormento y amargura, no sólo hacia nuestro abusador sino hacia nosotros mismos por dejar que el abuso continuara. Intentamos evitar el contacto con nadie, excepto aquellos encuentros que no pudimos evitar. Nuestros sentimientos y nuestras vidas diarias se mantuvieron escondidas en el interior. Las conversaciones que mantuvimos fueron limitadas y cortas. Era la única manera de proteger la poca dignidad que nos quedaba. Proteger nuestras emociones más íntimas nos ayudó a mantener el poder en nuestra situación de indefensión. Fue esta eterna devoción a la supervivencia lo que nos llevó a este programa y a salir de nuestra situación abusiva. La fuerza que llevamos dentro y pudimos mantener sin importar lo que enfrentamos te dará el poder de encontrar la restauración que estás buscando.

Otra faceta fea del maltrato doméstico es la manejabilidad en nuestra vida; sólo podemos conquistar lo que podemos aceptar y rendirnos a la realidad de nuestra situación. La mayoría de nosotros sabíamos en el fondo la seriedad de nuestra relación abusiva, pero seguíamos insistiendo en que podíamos cambiar las cosas; corregir problemas con el dinero, el sexo, la familia o la carrera. Sin embargo, mientras trabajábamos en arreglar un área, otra se desmoronaría. Cuanto más trabajábamos en tratar de arreglar todos los problemas a cualquier costo, el abuso continuaba. Nos obsesionamos con resolver los problemas, todo el tiempo continuamos muriendo dentro. No podemos cambiar las acciones de nadie ni de nadie más. Podemos orar por su bienestar y liberarlos en el amor con su bien superior, pero cada persona es responsable de sus acciones y de su vida. Cuando intentamos cambiar a alguien o algo, perdemos de vista lo que somos y quiénes somos. Como víctimas de abuso doméstico, tenemos la obligación incorporada de crear soluciones para cualquier problema, especialmente cuando se trata de alguien que amamos o nos importa. Nuestro miedo a la confrontación es el resultado directo de esta compulsión. No importa si el miedo comenzó cuando un niño pequeño creció en una situación violenta en casa o a partir de una experiencia posterior en la vida. La reserva debe ser reconocida y entendida para liberar la sensación y avanzar con nuestra restauración. Hasta que podamos rendirnos al miedo y liberar su control sobre nuestra mente la inmanejabilidad continuará en nuestras vidas.

En cualquier situación, podemos encontrarnos indecisos o inseguros. Estas emociones son saludables y necesarias para la supervivencia. Solo cuando ignoramos estos sentimientos se producen problemas. Debemos reconocer estas reservas y reconocer su existencia. Al admitir las aprensiones, podemos avanzar con la restauración de nuestras vidas. Nuestros sentimientos nos mantienen conscientes del pasado, un recordatorio de nuestra situación abusiva sin obstaculizar nuestro proceso de curación. Estas emociones sobresaldrán en el proceso porque confesamos la conciencia de nuestra vergüenza y vergüenza.

No hay peor sentimiento que tener que admitir la vergüenza, la vergüenza y el miedo de nuestra situación. Cuando entramos por primera vez en este programa nuestras emociones estaban dispersas y en peligro. Nuestro instinto innato de supervivencia era fuerte. La magnitud total de nuestra situación estaba empezando a arraigarse y el miedo al fracaso era alto. La exposición nos dejó sintiéndonos desnudos y solos. Nuestras mentes corrían con pensamientos de qué-si, y ¿cómo puedo? Enfrentar al mundo solo y sin la seguridad de la situación abusiva es aterrador. A pesar de que sabíamos los riesgos de permanecer con nuestro abusador, era familiar y la única estabilidad que conocíamos en ese momento. Los únicos pensamientos que teníamos eran cómo podríamos resolver los problemas y hacer que todo fuera como lo soñábamos. La única opción en ese momento era volver atrás y enfrentar las consecuencias. Sabíamos que podíamos manejar a nuestro abusador y hacerles ver sus errores. Sin embargo, sólo pudimos ver las ramificaciones que causaron los problemas, no la solución. La solución nos llegó cuando elegimos la libertad. El programa Purposed

Survivor nos dio las soluciones y la libertad que buscábamos.

Rendirse es una palabra poderosa y puede ser usada para mejorar grandemente nuestras vidas cuando captamos completamente el significado. La fuerza viene de rendirnos a la aceptación de nuestra relación o relaciones abusivas. El único error que no quieres cometer es simplemente renunciar al abuso; en este caso, no estás aceptando realmente la experiencia. Solo cuando puedas rendirte y estar en paz con la vida que has vivido puede comenzar la restauración.

¿Has oído hablar del dicho; ¿el tiempo cura todas las heridas? En algunos casos, esto puede ser cierto, pero no cuando se trata de abuso, tanto mental como físico. Siempre habrá daños que no comprendas completamente o de los que no sepas. Se producirán ciertas situaciones y puede experimentar una reacción completamente inesperada. Por ejemplo, el tono severo y profundo de la voz de un hombre, el pop de un aluminio se puede abrir, situaciones conflictivas con familiares, amigos o desconocidos, incluso el simple acto de tener a alguien severamente que te diga lo que hay que hacer. Estas son solo algunas situaciones a las que te enfrentarás diariamente, por lo que debes ser plenamente consciente de los efectos manifiestos que tu abuso ha tenido en tu psique. Como se dijo anteriormente, nunca se recuperará completamente del abuso, pero puede encontrar la restauración y vivir una vida completa y feliz de nuevo.

El proceso de curación es único para cada persona y es suyo sentir. A medida que comienzas a entender y rendirte a la relación abusiva, las emociones inesperadas pueden causar olas extremas de incertidumbre o confusión. En este punto, represente los sentimientos, búsquelos y sobre todo, siéntelos. Mantenga una mente abierta y explore las posibilidades de restauración a partir de estas experiencias. Te hará más fuerte y te llevará a la libertad que buscas.

Los sentimientos fuertes son parte de la réplica del abuso. Es normal tener cambios emocionales de humor y arrebatos descontrolados de vez en cuando. La mente, el cuerpo y el alma están en un estado de reparación y curación. Abraza las emociones y acepta el proceso de curación.

El factor principal de este paso es reconocer tu impotencia hacia tu abusador. Para lograr la rendición debes mantener tu mente abierta y estar dispuesto a aceptar el abuso como parte de tu pasado y estar listo para avanzar con tu restauración. Por lo tanto, identificar que eres humano y las cosas suceden, a veces sin culpa propia, es una parte crucial de la curación. No es donde estabas lo que importa; es a donde vas.

Debemos hacer algo más que aceptar el abuso en nuestro pasado para continuar con un futuro positivo y exitoso. La búsqueda comienza con un inventario de las cosas que más nos están doliendo o enojando para luego aceptar esas cosas por lo que son. El siguiente paso es encontrar una organización con personas que entiendan el trauma que sufriste y estén dispuestas a ayudarte a descubrir al individuo dinámico que realmente eres.

Al llegar al final de este paso, puede que se pregunten, ¿cómo pude llegar tan lejos? La respuesta es fuerza. Para evocar el poder de tu mente y cuerpo se necesita una cosa simple: la eliminación de la duda. Poner tu fe en un Poder Superior no solo te guía al éxito, sino que también construye un fuerte carácter mental para soportar cualquier situación futura que pueda ocurrir. La restauración es una elección personal.

Para descubrir cómo podemos sobrevivir a una vida sin abusos primero debemos entender la causa. Entonces tenemos que reconocer las decisiones que tomamos que llevaron a la situación abusiva. Recuerda, nada cambia si nada cambia.

# Paso dos: "Llegamos a creer que un poder mayor que nosotros mismos podría devolvernos a la cordura".

**Sección Dos - Resistencia: La palabra "fuerza" significa "perdurar", "persistir".** La fuerza es la capacidad de mantenerse, a pesar de las condiciones negativas en el cuerpo o los asuntos de una persona.

William James describió el poder de la fe como no solo creer en un poder superior sino también poder para tu salud. Él dijo, "La fe es el centro habitual de las energías del hombre."

Una de las primeras cosas que debes hacer para restaurarte a ti mismo a la salud es llegar a creer en un Poder Superior más grande que tú mismo. A veces, cuando la vida nos guía en direcciones que no mantienen un contacto consciente con Dios, perdemos la capacidad de comunicarnos con Él regularmente. En este momento, nuestras vidas se vuelven inmanejables.

Estás leyendo y empezando a trabajar a través de estos pasos porque decidiste en un momento que tu vida no estaba funcionando. Evitar cualquier opción que pudiera decir lo contrario es negación en toda su gloria. Aprendemos que la fe está funcionando todo el tiempo, no importa lo que esté pasando en tu vida. Tu fe es el resultado directo de aquello a lo que le prestas más atención. Por lo tanto, es imperativo centrarse en lo que es bueno en su vida en este momento y seguir manifestando el mejor resultado posible para el futuro.

El siguiente capítulo trata sobre la fe y llegar a creer en un poder mayor que tú. Renunciar a cualquier duda o recelo sobre lo que es o no la fe debe ser la primera acción. Comenzar este paso con una cabeza clara y vacía de todos los preconceptos permitirá que tu fe crezca de maneras milagrosas que ni siquiera puedes imaginar. La fe es probablemente una de las palabras más poderosas del idioma inglés; simplemente diciendo la palabra uno puede crear resultados increíbles en su vida inmediatamente. De todos los 12 poderes mentales, la fe es el único poder mental que puede superar cualquier circunstancia en tu vida en este momento. El primer objetivo será entender las barreras que se pueden enfrentar. La segunda es aprender a identificar qué es la fe, y qué significa tener fe.

Al aceptar el abuso como una parte normal de la vida reconocemos la falta de fe en nosotros mismos. Aceptar el pasado por lo que nos lleva a una nueva forma de pensar. Una vez que reconocemos el abuso, se convierte en parte de nuestros pensamientos conscientes. La conciencia es necesaria para sanar nuestra mente, cuerpo y espíritu.

El concepto de esperanza ha impulsado a la humanidad durante generaciones. Es la fuerza vinculante detrás de nuestra propia supervivencia, la resistencia para continuar cuando todo parece perdido y no se vislumbra un fin. Nos da optimismo renovado cada mañana cuando sale el sol.

Cuando entramos en este programa la idea de una vida mejor no parecía posible, pero la ESPERANZA es la razón por la que abrimos este libro. Nuestro renovado optimismo llegó cuando nos dimos cuenta de que otras personas como nosotros hemos progresado con propósito. Sus vidas se basan ahora en el sentido, no en el miedo, y en el abuso.

Puede que no veas pruebas de la esperanza de éxito en este punto, pero cada vez que te das cuenta de tu abuso, el dolor de esa perspicacia va acompañado de una oleada de esperanza, haciendo posible continuar con la siguiente fase de nuestra vida.

1. ¿Qué tengo esperanza para hoy?

Nunca se dudó de la cuestión de la inmanejabilidad en nuestra vida. El problema se convirtió en ¿cómo pararlo o salir vivo? Muchas veces, nos dicen "simplemente aléjate", o "¿por qué te involucraste en primer lugar?" En la mayoría de los casos, si tuviéramos esa respuesta probablemente no estaríamos caminando en estos zapatos. Nuestra locura es la razón por la que seguimos permaneciendo tanto tiempo como lo hicimos. No hay soluciones simples al problema. Todo lo que podemos hacer es seguir trabajando en nosotros mismos. Entender nuestro comportamiento y las razones por las que tomamos estas decisiones nos ayudará a no tomar las mismas decisiones una y otra vez, que es el verdadero significado de la locura. El diccionario define la locura como, "una falta de razón o buen sentido, una locura extrema o un acto que demuestra tal necedad". Sin embargo, el concepto básico de locura es hacer algo una y otra vez que es perjudicial o perjudicial para nuestra salud y seguridad y esperar resultados diferentes. La pregunta que debes hacerte es, ¿cuán demente fue la verdadera naturaleza de tu relación abusiva? Cada uno tiene una idea diferente de la locura y es muy singular para cada persona.

Lo que algunos de nosotros consideramos una locura es una forma de vida normal para otra persona, por lo que, por lo tanto, es imperativo que no juzguemos la vida o las opciones de otra persona. Debemos aceptarlos por quienes son y amarlos sin importar las decisiones que tomen.

La locura es una pérdida de perspectiva o de sentido de la proporción. En otras palabras, nuestras vidas están desequilibradas. Para tener una perspectiva sobre cualquier situación es necesario mirar constantemente nuestras actividades diarias. ¿Qué colocamos como importantes o prioridades en nuestra vida? Cada punto tiene su significado, solo tienes que decidir cuál es el más importante y permanecer vigilante para actuar apropiadamente.

Siempre podemos elegir una mejor forma de vida cuando nos llenamos de amor, compasión, confianza y esperanza. El contacto consciente que puedes desarrollar con tu Poder Superior dará todas estas cosas de forma gratuita. Solo tienes que estar dispuesto a aceptarlos.

Cada uno de nosotros entró en este programa con toda una historia de vida. Es con estos antecedentes individuales que nuestro nivel de fe varía dramáticamente; sin embargo, una simple característica común, la situación abusiva, era la realidad para todos nosotros. Este carácter común crea un vínculo de familiaridad para todos, permitiéndonos a cada uno de nosotros alcanzar las metas que nos fijamos en nuestras vidas.

*La palabra restauración se define como, "el retorno de algo que fue removido o* abolido". En esta situación, la restauración eres tú, el dejar de intentar ser algo que no eres por el bien de las necesidades desacertadas de otro. Para su curación y crecimiento espiritual, usted debe tener una comprensión firme del significado de la locura. Esto incluye la continuación del comportamiento racional.

Los cambios en nuestras vidas son lentos y graduales a veces, e incluso podemos preguntarnos si todo este trabajo vale la pena el esfuerzo. A medida que pasa el tiempo y se completa nuestra restauración, a veces nos impacientaremos o nos inquietaremos, queriendo una solución inmediata a todos nuestros problemas. Sin embargo, esto no es posible. La restauración es un proceso gradual, que requiere tiempo y trabajo. Por otro lado, una vez que comienzas a reconocer un comportamiento poco realista en tu vida, es una buena señal. Finalmente estás empezando a entender el significado de la locura.

Una señal clara de que nos guía la fe es la capacidad de tomar decisiones con una deliberación cuidadosa. Dejamos de hacer erupción y espolear las elecciones del momento. Una vez que la claridad de la paz se convierte en una rutina diaria, nuestra necesidad de una mayor restauración es un cambio bienvenido.

A medida que progresas y desarrollas una fe sana en el Dios de tu entendimiento, puedes volverte inquieto, incluso descontento, con tu vida tal como está. Esto significa que la fe está trabajando para traer mayor bien a tu vida. Este es el momento de hablar de fe y pedir una guía continua.

El concepto de restauración y de vivir una vida sin abusos puede parecer extraño en este punto, incluso imposible. No importa si entiendes el poder de Dios; el factor importante es que crees que la restauración es posible. La fe será la guía.

Al llegar al final del Paso Dos, entienda que cada fase del proceso tiene sus lecciones y no toda la información será revelada a la vez. No se desanime si su progreso es más lento de lo que esperaba o no lo que esperaba; el reconocimiento de la fe es diferente para cada persona, y también lo es la restauración de cada persona. Sea paciente, todo se revelará cuando el tiempo sea apropiado.

Paso tres: "Tomamos la decisión de confiar en el Dios de nuestro entendimiento y luego entregar nuestra voluntad y nuestras vidas a él".

**Sección Tercera - Sentencia:** La capacidad de entender nuestra vida y las decisiones que tomamos.

El poder mental del juicio se encuentra en el estómago, que es el centro de sustancia del cuerpo. Tu estómago nutre tu cuerpo, al igual que tu mente nutre el alma. Si alimentas tu mente con pensamientos negativos y malnutre tu cuerpo, cada centro actuará en consecuencia. No hay diferencia entre la información, ni buena ni mala. Por lo tanto, mantener una actitud positiva nutrirá tu mente y cuerpo con una sustancia que da vida.

El tercer paso es lo que centra la mente y el cuerpo en un marco de pensamiento: la idea de la rendición. Puedes lograr casi cualquier cosa cuando te rindes a la voluntad de tu Poder Superior y liberas todas las heridas del pasado, el dolor y el abuso de tu pasado. Recuerde, no puede cambiar el pasado, solo aprender de él y avanzar con un corazón abierto y la voluntad de educarse en los resultados positivos que puede lograr.

Este proceso es algo que viene del tiempo y la paciencia, pero no sin trabajo por tu parte. La restauración conlleva el precio de ejercer buenas prácticas mentales. Trabajar a través de estos pasos con una mente abierta y la voluntad de aprender es una de las únicas obligaciones requeridas para el éxito. Tus logros descansan únicamente en tu motivación para cambiar tu vida. Las dudas y miedos que se llevan dentro solo servirán para minimizar su restauración.

Puede que nos encontremos llenos de los recuerdos de nuestra relación abusiva y temerosos de comprometernos con la restauración por el miedo al fracaso. Esta vez, sin embargo, es única en el sentido de que la decisión de hacer este cambio es suya. Nadie nos está obligando o controlando a hacer algo contra nuestra voluntad. Esta simple elección crea el momento para el éxito. Cuando finalmente nos damos cuenta de que la libertad es posible y podemos vivir libres de abusos, nuestros ojos se abren y podemos empezar a entender la realidad de lo maravillosa que puede ser la vida.

La mayoría de nosotros entramos en este programa creyendo que otro ser humano era responsable de nuestra felicidad. Habíamos pasado gran parte de nuestro tiempo complaciéndoles a toda costa. Cuando no pudimos complacerlos, nuestra primera reacción fue atormentarnos con culpa, miedo y preocupación. Después habíamos pasado incontables horas tratando de averiguar qué podíamos hacer diferente la próxima vez, y todo el tiempo nuestro abusador manipuló la situación como ellos creían conveniente. Con emociones que iban de la rabia a la ternura, se convirtieron en tornados azotando las vidas de todos a la vista, completamente inconscientes del camino de destrucción que dejaron atrás. Si las circunstancias no fueran de su agrado, intentarían cualquier medio necesario para lograr sus deseos, y se saldrían con la suya sin importar el costo. Cada uno de ellos estaba tan dirigido a perseguir agresivamente sus impulsos, cualquier pensamiento consciente era inexistente. Esto normalmente significaba una incidencia explosiva, con lesiones humanas y a veces la muerte. El contenido de este párrafo puede ser gráfico, pero la realidad puede ser dura a veces. Para aceptar el pasado por lo que es, la verdad debe ser revelada.

Las acciones necesarias para revelar la verdad de nuestra situación es algo que debemos reconocer de buena gana y trabajar para entregar el pasado duele. Al hacerlo, concedemos nuestra voluntad propia. El centro de la voluntad de la mente es una fuerza poderosa, y cuando se deja trabajar independientemente del resto de nuestros poderes mentales, rápidamente toma el control de cada aspecto de nuestras vidas. La voluntad propia es un rasgo que todos los humanos tenemos, y cuando se ejerce en consecuencia puede ser algo positivo en nuestras vidas. La voluntad es el punto focal alrededor del cual toda acción de la mente se centra cuando la mente es armoniosa.

La voluntad y el entendimiento son los poderes de la mente gemela. Trabajan juntos, pero solo cuando mantenemos un reino cercano sobre nuestra voluntad. La lucha por anular nuestro poder mental de entendimiento es fuerte y puede ser difícil de controlar cuando no se ejerce regularmente. Esta es una práctica que llevará tiempo comprender. El diccionario afirma que la voluntad "es la parte de la mente con la que alguien decide conscientemente las cosas, el poder de tomar decisiones, la determinación de hacer algo". También afirma que la voluntad "es la actitud o sentimientos que alguien tiene hacia alguien o algo". Estas definiciones tienen significados extremadamente poderosos y sus explicaciones no deben tomarse a la ligera. El enfoque y la claridad es la clave para entender tu voluntad y la voluntad de Dios.

A medida que avanzas en este programa, los principios que aprendes son invaluables para las experiencias cotidianas. Ellos te darán las bases necesarias para alcanzar las metas que te has propuesto para tu vida. Los pasos en este libro también le darán la guía necesaria para captar cuando usted está viviendo por su voluntad y no por la voluntad de Dios.

Hay algunos elementos fundamentales para entender el concepto de la voluntad propia. La primera es lo que considerarías factores importantes en tu vida. El segundo es cuáles son los factores verdaderamente importantes de tu vida. Entramos en este programa pensando que somos gente rota que no es digna de nada ni de nadie. Esto simplemente no es cierto. Somos personas talentosas que buscan una existencia feliz sin la amenaza de la violencia en la vida cotidiana. Nuestras necesidades y deseos deben satisfacerse y lograrse como cualquier otra persona. Debido a este hecho, estamos decididos a ganar los derechos que merecemos, a veces a cualquier costo. El precio puede ser extremo cuando estamos viviendo una relación abusiva.

Cuando finalmente optamos por dejar nuestra situación abusiva, nos dimos cuenta de que no éramos infalibles. Cometimos errores y tuvimos que mirar nuestra parte en esas decisiones. A pesar de que no somos responsables de la parte de abuso de la relación, somos responsables de nuestra co-dependencia. Esto se define en el diccionario como "codependencia es una condición psicológica o una relación en la que una persona es controlada o manipulada por otra que se ve afectada con una condición patológica (típicamente narcisismo o drogadicción); y en términos más amplios, se refiere a la dependencia de las necesidades de, o control de, otro. [1] También implica a menudo dar una prioridad más baja a las propias necesidades, al tiempo que se ocupa excesivamente de las necesidades de los demás. [2] La codependencia puede ocurrir en cualquier tipo de relación, incluyendo la familia, el trabajo, la amistad y también las relaciones románticas, de pareja o comunitarias. [2] La codependencia también puede caracterizarse por negación, baja autoestima, cumplimiento excesivo o patrones de control. [2] Los narcisistas son considerados imanes naturales para los codependientes." Cuando funcionamos en nuestra voluntad propia y no vivimos por la voluntad de Dios nos confundimos y cometemos errores, como los mencionados anteriormente.

La comprensión de algunos de nuestros defectos de carácter puede ser alarmante y puede hacer que neguemos esos aspectos de nuestro carácter. Lo son; sin embargo, una realidad y necesitamos aceptar los hechos tal como son para lograr una restauración completa. La verdad en cualquier caso te liberará de la fortaleza que estas emociones negativas tienen en ti. Todos estos ejemplos son indicadores de que estás viviendo de voluntad propia. Las continuas luchas que enfrentan cada día, que van desde la confusión hasta el pánico, son señales que deben aprender a controlar su voluntad propia y permitir que su poder mental de entendimiento tome la delantera. La voluntad propia no es algo malo; cuando se usa adecuadamente, es una fuerza mental poderosa.

Para entender la voluntad de Dios primero debemos comprender el concepto de dar. La voluntad es la entrega de algo y la aceptación de otra cosa. En este caso, es la promesa de una nueva vida libre de las garras del abuso doméstico.

La voluntad de Dios es que cada ser humano viva en las comodidades del amor y de la vida. Sólo podremos lograr esto cuando finalmente reconozcamos que el resultado es lo que imaginamos que serán nuestras vidas. Si dudamos de un futuro alegre brillante para nosotros mismos, entonces eso es lo que tendremos: duda. Es el único resultado que podemos esperar cuando nuestras mentes se nublan de miedo e incertidumbre.

Aceptar completamente las consecuencias de nuestras acciones es algo que todos quisiéramos ignorar. Sin embargo, cuando elegimos este camino, bloquea todas las posibilidades de contacto consciente con nuestro Poder Superior, y aprender a vivir por Su voluntad no es posible. Es la comunicación consciente que nos da la guía para vivir por Su voluntad. Esta comunicación es única para cada persona y los mensajes que recibimos son igualmente distintivos, por lo que es imperativo que aprendamos a escuchar con una mente abierta las respuestas que recibimos. Ya sea que la solución venga en solo un sentimiento, palabras escritas, o tal vez una conversación con alguien, la respuesta debe ser aceptada y la acción debe tener lugar para que cualquier cambio ocurra. El problema se resolverá cuando escuchemos la guía de nuestro Poder Superior.

El paso de la restauración muestra nuestro progreso con nuestra fe en cada área de nuestra vida. No podemos elegir las áreas que queremos restaurar y las que no. Para progresar en el logro de nuestra libertad elegida debemos rendirnos a la voluntad de Dios y confiar en que nos protegerá en el futuro. Liberar la fe es el común denominador entre la paz y la confusión, los actos injustificados de locura.

Basándonos en el resultado de cada paso de este programa hemos aprendido el perdón, la rendición, la aceptación, y finalmente la importancia de la comunicación. Preservar un contacto consciente con nuestro Poder Superior es la única manera de lograr el éxito que deseamos.

# Paso cuatro: "Hicimos un inventario moral intrépido y sin miedo de nosotros mismos".

Sección Cuatro - Amor: Así como el corazón iguala el flujo en el cuerpo, así el amor armoniza los pensamientos de la mente, trayendo paz tanto a la mente como al cuerpo.

Los siguientes pasos están diseñados para la exploración de nuestro carácter, y aprendemos a identificar la naturaleza exacta de nuestros errores. Durante la siguiente sección, puede encontrar que sus problemas existían mucho antes de que la relación abusiva comenzara, tal vez incluso cuando era niño.

La mecánica de trabajar a través de este paso requerirá un inventario inflexible de sus acciones pasadas. Algunos de los recuerdos evocados de la lista de su inventario moral puede ser descorazonador e incluso doloroso, pero el proceso puede conducir al alivio del dolor, la culpa y la vergüenza. Mientras sigas llevando los dolorosos recuerdos dentro, la restauración será difícil.

Si usted se encuentra teniendo aprensiones sobre el inicio de este paso, puede ser útil para expulsar cualquier duda o reserva sobre la dificultad de discutir el pasado. En su lugar, preste atención a los aspectos positivos y beneficios de trabajar en este paso. Entonces mantén una mente abierta a lo que pueda ser revelado.

De niño, dependiendo de su educación, el concepto de valores morales y personales puede haber sido extranjero. Sin embargo, son imprescindibles para su éxito futuro. Creer es tener fe en un área particular de tu vida. En otras palabras, lo que más valoras crea el entorno en el que vives. Ya sea dinero, sexo, carrera, ropa, drogas o poder no importa. Debes decidir lo que es importante para ti. Si tu moral se basa en principios espirituales sólidos, tu vida será un éxito. Si te detienes en el pasado y los recuerdos tóxicos, tu vida seguirá su ejemplo.

Muchos de nosotros tenemos algún tipo de moral o una idea de lo que son los valores, no importa lo mal interpretados que puedan ser. La definición básica de moral se basa en lo que la conciencia de alguien sugiere que es correcto o incorrecto, en lugar de en qué reglas o qué dice la ley que se debe hacer. Así que, con este conocimiento, tu moral cambiará con lo que más te concentres y consideres importante. En este caso, trabajar a través de estos pasos te ayudará a establecer un código moral basado en principios espirituales.

## Un inventario de nosotros mismos

Esta porción está diseñada para ayudarnos a entender cómo las decisiones que tomamos afectaron nuestra vida. Este paso no es sobre otras personas, es sobre nosotros. Escribir sobre las experiencias con otras personas es necesario, pero solo debes mirar tu parte en la situación.

Algunos de nosotros hemos luchado para encontrar fallas en nuestra parte del abuso. Descansa tu mente ahora; de ninguna manera eres culpable del abuso, aunque la decisión de involucrarte en la relación es otra historia. Esta es la razón del paso cuatro; nos enseña cómo mirar nuestra parte de cualquier situación. El factor subyacente se basa en patrones de comportamiento. Cuando empiezas a crear un inventario moral de tu vida, los patrones desarrollan un mapa bien trazado. Tomar imágenes y experiencias y ponerlas en papel aportará claridad a cualquier situación. Impide que nuestras mentes nieguen áreas del pasado que nos causan dolor. Este es el modo de supervivencia en su mejor gloria.

    Este paso no se trata solo de reconocer nuestros patrones de comportamiento; también es reconocer los resentimientos que llevamos con nosotros. Podemos tener resentimientos sobre cualquier cosa que tenga que ver con la sociedad humana. Pueden ser opiniones nuevas o viejas. Cualquier emoción basada en un sentimiento de ser agraviado o en un sentimiento de haber sido tratado mal es resentimiento. Enumeramos estos resentimientos para arrojar luz sobre la realidad de la experiencia o cómo veíamos la situación. Nuestra visión de la experiencia es importante para nuestro proceso de restauración.

Desde que los viejos resentimientos se han enconado más tiempo es mejor empezar con ellos primero. Reconocer el pasado arroja luz sobre el presente, por lo que muchos de estos viejos resentimientos pueden ser la causa de muchos de sus problemas actuales. Pueden manifestarse de diversas maneras. Después de enumerar todos los resentimientos, usted comenzará a ver patrones de comportamiento y estos patrones son las pistas que necesita para proceder con el proceso de restauración. El contorno desglosa cada pequeña pieza del rompecabezas. Usted puede sorprenderse al ver que la gran mayoría de estos patrones de comportamiento son comportamientos aprendidos del pasado. Su conducta y acciones son el resultado directo del entorno en el que vive ahora. Todos somos productos de nuestro entorno, elijamos serlo o no. Lo bueno es que no tenemos que quedarnos en productos del pasado; podemos iniciar la vida que elegimos vivir ahora. Las acciones que establecemos trabajando a través de estos pasos crearán la base sólida que necesitamos para tener éxito en cualquier cosa que elijamos.

A medida que completamos cada paso, especialmente este, pueden surgir algunos sentimientos que no nos son familiares. A través del acto de formular un inventario, la curación comenzó a tener lugar y la superficie endurecida que hemos mantenido para propósitos de supervivencia se descompone. Al expulsar estas emociones negativas nuestros cuerpos se llenan de alivio, alegría y paz. Esto permite que el verdadero tú brille, exponiendo las maravillosas pasiones que llevamos por la vida y ayudando a los demás.

Nuestros deseos más profundos son ser entendidos y amados como necesitamos ser amados, no como alguien más dice que necesitamos ser amados. El examen de nuestros sentimientos en esta sección se hace de manera similar a la forma en que analizamos nuestros resentimientos. Muchos de nosotros hemos enterrado nuestros sentimientos en lo profundo para protegernos de ser lastimados por alguien que creíamos que nos amaba. Estos sentimientos están enterrados tan profundamente que puede que ni siquiera sepamos lo que es sentir alegría, paz y libertad. Puede que hayas tenido momentos breves de estos sentimientos, pero la mayoría de las veces se basaron en cuando la sensación iba a parar! En cierto sentido, esos casos se llenaron de un intenso terror mientras esperábamos a que cambiara el estado de ánimo de la situación. Tiempos como estos son la razón, enterramos nuestros sentimientos en lo más profundo de nuestro interior, y redescubrirlos puede provocar un trauma adicional; sin embargo, la liberación traerá consigo sanación y estabilidad emocional.

Cuando embotellamos hostilidad y rabia no gastadas, lentamente se nos va comiendo de muchas maneras que ni siquiera nos damos cuenta. Nos impide disfrutar del milagro maravilloso de la vida. Nos quedamos envueltos en un capullo lleno de miedo y dudas, temerosos de nuestra propia sombra. Los eventos milagrosos que pueden ocurrir en nuestras vidas son mucho mejores que cualquier cosa que puedas imaginar, pero debes dar el primer paso en tu restauración. Esta es la única manera de ser victorioso sobre su situación abusiva.

Se estima que el 70 por ciento de todas las enfermedades son causadas por la emoción suprimida. El arrepentimiento, la tristeza y el remordimiento derriban las células del cuerpo. Los pensamientos son los generadores de las acciones. Si estos pensamientos no son neutralizados, pueden crear un veneno mortal en el cuerpo que causa enfermedad y dolor. Los pensamientos de amor hacen que un cambio químico beneficioso tenga lugar en el cuerpo. Produce vida para renovar la salud e incluso cambiar pensamientos de muerte por pensamientos de vida. Así como el corazón iguala el flujo vital del cuerpo, el amor armoniza los pensamientos de la mente.

Activar el poder mental del amor requiere concentración diaria para producir una corriente de amor positiva. A cambio, estos pensamientos se separarán y disolverán los pensamientos opuestos de odio, culpa, vergüenza y humillación.

Cuando nos vimos obligados a sobrevivir en una situación llena de limitaciones posesivas, constriñó nuestro sentido de libertad. Esta restricción trajo consigo nuestros sentimientos de vergüenza y humillación, junto con la culpa que llevamos sobre pensamientos de escapar de nuestro abusador a cualquier costo. A veces, el costo podría implicar daño corporal para nuestro abusador, agregando remordimiento adicional. Estos sentimientos son impulsos normales de supervivencia que resultan de una situación abusiva. No deberías sentir culpa por querer seguir vivo o libre de daño.

Una gran parte de la relación abusiva implicaba encuentros sexuales consentidos y forzados. Las relaciones sexuales son un acto personal, uno que está destinado a basarse en el amor y el respeto por la otra persona. Cuando el sexo se vuelve cruel y abusivo nuestra naturaleza misma es violada y nos retiramos dentro de nosotros mismos aún más. La retirada es tan severa que a veces es como si tuviéramos a otra persona viviendo dentro de nosotros y ambos están luchando por el control. Todas estas son emociones normales después de un evento traumático y tu participación no es nada por lo que deberías sentir vergüenza o culpa.

Discutir el sexo en cualquier contexto puede ser incómodo para cualquiera, no estás solo. Es posible que ni siquiera desee completar esta sección del paso, preguntándose cómo hablar de sus encuentros sexuales podría ayudar. Pero, para que podamos avanzar con nuestras vidas debemos entender el pasado y las decisiones que tomamos. Catalogar los encuentros sexuales del pasado es un recordatorio de nuestros defectos, especialmente si las incidencias se refieren a abusos por abuso sexual, amenazas o violencia física forzada. Los seres humanos aprenden a través de la repetición y la observación. En otras palabras, somos productos de nuestro entorno. Debes aprender a estar en paz con tu sexualidad. Será el factor decisivo para cualquier relación sana futura.

## Maltrato

Debemos extremar las precauciones antes de trabajar en esta sección. Incluso puede que tenga que posponer esta porción hasta una fecha tardía. Use su juicio antes de comenzar esta sección. Si tienes alguna duda, escríbelas y coméntalas con un patrocinador o entrenador de vida. El dolor que puede sentir dentro al trabajar a través de este paso puede ser inquietante si no está esperando el resultado. En la mayoría de los casos, estas incidencias fueron causadas por alguien en quien confiábamos o pensábamos que nos amaba, y admitir que fuimos violados de cualquier manera puede ser muy doloroso. Es importante completar este paso cuando esté listo. Sin embargo, el secreto de llevar este dolor dentro puede causar un comportamiento destructivo continuo. Confesar la verdad de nuestro abuso libera el dolor y permite que nuestra mente y cuerpo sanen. El abuso nunca es aceptable en ninguna circunstancia. No tenemos la culpa.

**Activos**

Muchos de nosotros hemos pasado una buena parte de nuestras vidas buscando o recibiendo instrucciones de mirar nuestros errores. Cuando solo nos identificamos con la naturaleza de nuestros errores, puede amplificar los recelos en nuestras vidas. Este punto de vista nos deja con una imagen unilateral. Nuestras vidas se han llenado de suficiente dolor y angustia. La construcción de buenos rasgos de carácter comienza con la concentración en nuestros activos.

Todos somos creaciones del universo y cada uno de nosotros es único y una parte crucial del tejido de la vida. Tu presencia en este planeta es importante. Los pasos de este programa le ayudarán a descubrir su verdadero propósito.

Un método para encontrar el éxito es escribir tu plan, de principio a fin. Cuanto más específico seas acerca de los logros que quieres alcanzar, mayor será tu éxito. Otro ingrediente es pensar en grande, y no pongas límites a tus habilidades. Con Dios todas las cosas son posibles. Esta parte de estos pasos está pensada para ser divertida, así que aprovecha el tiempo. Detallar objetivamente tus sueños y metas con buenas intenciones proporcionará el éxito que deseas.

Comience esta sección con dos listas de éxitos reales. El primero debe ser una línea de tiempo que detalle su proceso de restauración. La segunda será la lista de tus planes, sueños y metas. Manténgalos sencillos de comenzar y asegúrese de que contengan logros factibles. Esto está destinado a aumentar su autoestima, no disminuirla. No olvide incluir el éxito que ha tenido al llegar tan lejos en el trabajo de estos pasos. Esto es todo un logro y deberías estar orgulloso.

1. Crea una línea de tiempo para tu éxito.
    a. Sé específico.
    b. No temas al éxito.
    c. Piensa en grande, sueña en grande.

## Mantenga sus metas para el éxito a sí mismo

"Cuando alguien no puede ver el éxito por sí mismo
Ellos no pueden verlo por ti.

En este punto del programa, muchos de nosotros nos sentimos algo confundidos o desorientados. El mensaje del paso es muy revelador y debe contemplarse antes de continuar.

Si te sientes así, no estás solo. Muchos de nosotros hemos descubierto secretos que no podemos revelar a nadie. En este caso, escriba la cuenta en papel enumerando los detalles. Después de esto, cuenta todos los aspectos de la incidencia y quema el papel. Libéralo a tu Poder Superior y déjalo descansar; no le des al asunto otra idea. El tiempo revelará los detalles necesarios cuando estés listo para manejarlos. Que la confianza y la fe sean su guía.

Revelaciones de esta magnitud pueden crear muchos recelos falsos. Se sugiere que al menos discutamos nuestros sentimientos con nuestro patrocinador o entrenador de vida para asegurarnos de que entendemos la realidad de nuestras emociones. El pasado puede arrastrarse sobre nosotros en cualquier momento dado y proporcionar información falsa. Tener una segunda opinión siempre es una gran confirmación. La exploración de estas emociones es importante, siempre y cuando no nos dediquemos a ellas tanto que vuelvan a tomar el control de nuestras vidas.

# Paso cinco: "Admitimos a Dios, a Nosotros mismos y a Otro Ser Humano la Vergüenza y Humillación de Nuestra Aceptación de la Violencia que Retenía Nuestra Vida".

**Sección cinco - Potencia:** Cada palabra trae adelante después de su clase- primero en mente, luego en cuerpo, y eventualmente los asuntos del individuo.

Al admitir ante Dios, ante nosotros mismos y ante otro ser humano la vergüenza y la humillación que sentimos por la violencia que conservó nuestra vida, nos involucramos en las etapas de la restauración. Nuestra admisión alienta el sentido de confianza en este programa y el progreso en el proceso de restauración. Solo podemos vivir con la esperanza de la restauración si el deseo de alcanzar el éxito es mayor que el deseo de permanecer en nuestra situación actual.

Nuestra mente y cuerpo están conectados como una unidad, lo que afecta a la mente afecta al cuerpo. Todas estas situaciones traumáticas crean una reacción adversa con todas las partes del cuerpo. Cuando las ocurrencias suceden con el tiempo, las ramificaciones se convierten en realidad. La mente comienza a crear razones para el abuso como una forma de compensar la confusión, dolor y angustia causada por la situación. Sin ninguna información nueva que usar, la mente usa experiencias pasadas para producir estas ideas. En este caso, el círculo de violencia continúa en un patrón repetido hasta que algo causa un cambio drástico en la realidad. La alteración rompe el ciclo inflexible de la devastación y comienza una nueva transformación.

Cuando entramos en este programa era muy probable porque algo en nosotros murió. La nueva vida y el cambio solo pueden ocurrir después de la muerte de otra cosa. Para que nazca una nueva vida, algo tiene que morir y caer. Es la naturaleza del universo. El deseo de cambio es la creación perpetua de la vida misma. Por lo tanto, debemos generar palabras, pensamientos y acciones con la plenitud de la vida.

Nuestro cuerpo se alimenta de palabras. Cuando esas palabras dan vida, producen salud. Con cada palabra, haces que los átomos de tu cuerpo vibren y cambien de lugar, primero en la mente, luego en el cuerpo y más tarde en tus asuntos. Sus conversaciones pueden crear mala salud en lugar de buena salud debido a las palabras equivocadas. Las palabras que usted habla están estrechamente relacionadas con la verdadera naturaleza del corazón. Por lo tanto, admitir a Dios y a otra persona la verdadera naturaleza de su dolor libera todas las toxinas negativas dentro del cuerpo y la mente. Es entonces cuando la restauración es posible.

En nuestra situación abusiva, la idea del perdón no era el centro de atención; nuestra supervivencia era. El mero hecho de existir en estas condiciones deplorables era impensable la mayor parte del tiempo, y se hizo evidente que el cambio era necesario para que la vida continuara. Sin embargo, encontrar una manera de escapar y salir con vida no parecía posible hasta que abrimos nuestras mentes para liberar. Fue el concepto de cambio y esperanza lo que instigó un plan de escape.

Una vez plantadas estas semillas y comenzado el crecimiento, pudimos ver una salida. La distracción era una salida ideal, ya que nos daba un respiro del abuso. La esperanza estaba viva de nuevo y la libertad se hizo realidad. Sin embargo, la idea de admitir la humillación de nuestro abuso puede causar puro terror para muchos de nosotros. Tememos las ramificaciones del recurso social, el rechazo o la humillación adicional. Lo que no entendemos es que la admisión por sí sola puede traernos la paz que tanto necesitamos. Una vez que podamos ganar el valor de hablar abiertamente con alguien sobre nuestro pasado y darnos cuenta de que su pasado no es tan diferente. Hay muchos otros en este programa con la misma historia de abuso. A través de esta comprensión, podemos obtener la aceptación mutua con otras personas en el programa.

Como sobrevivientes, vivimos por largos períodos sin ningún contacto con el mundo exterior. Podríamos pasar días, semanas, incluso meses sin tener una sola conversación con otra persona. Las conversaciones que pudimos haber tenido fueron supervisadas por nuestro abusador y/o estrechamente reguladas en cuanto al contenido de nuestro diálogo.

Tuvimos poco tiempo para estar solos, e incluso simples viajes a la tienda de comestibles fueron supervisados. Nuestra vida fue completamente planeada por otra persona, desde la ropa que llevábamos hasta la comida que comíamos, y quiénes serían nuestros amigos. Nos convertimos en prisioneros sin estar encarcelados en una institución.

Aprender a dejar ir lo único que nos ayudó a mantenernos vivos causa terror en sí mismo. El miedo se convirtió en la fortaleza sobre nuestras vidas en todas las facetas. A esto se suma el hecho de que la admisión de esta humillación a otra persona puede parecer insoportable. Pero no estás solo, y la restauración del abuso es posible.

Dar los primeros pasos de la libertad es intimidante y puede ser abrumador, pero ten en cuenta que ya has sobrevivido a la fealdad del abuso doméstico. Eso por sí solo tomó pura voluntad y determinación, un logro del que puedes estar orgulloso.

Los supervivientes de este programa ya han pasado por esta fase de restauración y han dedicado parte de su nueva vida con la única intención de ayudar a otros a encontrar también la libertad.

Para continuar con su restauración, el siguiente paso es elegir un patrocinador o entrenador de vida, alguien con quien puede trabajar para completar estos pasos y encontrar la restauración que busca. Una vez que haya decidido elegir un patrocinador o un entrenador de vida, se le presentará un profesor. Aparecerá la persona adecuada en el momento adecuado. Tener un contacto consciente con tu Poder Superior tiene sus ventajas si dejas que la relación funcione para tu mayor bien.

En este paso, debemos enfocarnos en ser honestos con nosotros mismos y comprometernos con la verdad. Es una parte esencial de la curación. No podemos crecer permaneciendo en la negación.

Practicar la autohonestidad es una parte esencial del proceso de restauración y es la única manera de encontrar la verdadera felicidad y libertad. Estas realizaciones son dolorosas. Sin embargo, si canalizamos nuestra atención hacia otros sentimientos que emergen a través de este proceso podemos despertar a la promesa de ESPERANZA.

Paso seis: "Estábamos completamente listos para liberar y pedirle a Dios que eliminara todos estos defectos de carácter".Sección Seis - Imaginación: La imaginación es la tijera de la mente; se crean las imágenes, que toman sus pensamientos y les dan forma.

Comenzamos a trabajar a través del Paso Seis lleno de alivio y una idea de lo que significa la libertad. Nuestra esperanza de un futuro sin abusos es brillante. Hemos visto el daño de nuestro pasado y cómo afectó al presente. Incluso hemos visto un vistazo de cómo podemos empezar a corregir los problemas, pero primero, debemos estar completamente dispuestos a que Dios elimine nuestros defectos de carácter.

En el proceso de trabajar a través de los últimos cinco pasos, hemos comenzado a ver los patrones en nuestro comportamiento y llegamos a entender cómo es probable que actuemos sobre los mismos defectos una y otra vez. Esta conciencia trae un reconocimiento consciente de nuestras acciones y la voluntad de que se eliminen nuestros defectos de carácter. Estas imperfecciones son una creación del pasado que soportamos. No constituyen la persona que estamos dentro. Nuestra verdadera naturaleza es el total de nuestros pensamientos. La imagen que llevas en el interior es lo que brilla a través de para que todos la vean. La paciencia y el trabajo continuo son las claves de la consistencia y el único patrón que inicia la restauración completa.

Mientras luchamos a través de estos pasos y trabajamos en la nueva vida que deseamos, el proceso puede parecer una vida, especialmente cuando nos enfrentamos a imágenes y pensamientos aterradores. A veces crea una falsa realidad que nos lleva a creer que no podemos sobrevivir por nuestra cuenta. Esto es falso, un concepto completamente ridículo. El miedo nos mantiene encerrados en un tren de pensamiento que minimiza nuestros patrones de comportamiento; el miedo infundado permanece mucho tiempo después de que la situación real haya pasado. Solo aceptando nuestros defectos de carácter y entendiendo por qué han controlado nuestras vidas podemos empezar a liberar el miedo y avanzar.

El concepto de entender un defecto de carácter puede parecer antinatural o confuso. Algunos de nosotros no sentimos que tenemos defectos y estamos bien como estamos; sin embargo, este es un razonamiento falso. No podríamos haber sobrevivido al abuso que hicimos sin salir con algunos defectos de carácter. Cualquier pensamiento que cree una imagen de negatividad hacia uno mismo o hacia otra persona es un defecto. Cualquier acción que manipule el control o el incumplimiento de las intenciones honestas se consideran defectos de carácter.

Debemos aprender a controlar nuestros pensamientos e imágenes y mantenerlos orientados hacia la restauración. Mantener una vía de crecimiento continuo es imprescindible para su desarrollo personal. Controlando las imágenes mentales, retenemos diariamente minuto a minuto puede ser difícil, y no siempre lograremos mantenerlas positivas. Sin embargo, el esfuerzo consciente que hagamos creará un cambio.

La ciencia ha demostrado que hay 20 veces más nervios que salen de los ojos que de los oídos. Los resultados son mucho más rápidos cuando imaginas lo que quieres que solo escucharlo o que alguien te lo diga. La claridad es la clave; imagina las imágenes como ya están en su lugar. En otras palabras, si quieres estar sano, imagínate joven y vibrante. Practique esta técnica por un corto tiempo todos los días, especialmente cuando comienza a sentirse deprimido o inseguro acerca de su situación. El cambio llega cuando uno está dispuesto a aceptarlo y abrazar el futuro como brillante y próspero.

¿Cuántas veces te has preguntado cómo sería tu vida sin el abuso y la constante tortura que pone en peligro tu vida? El proceso de querer que las cosas sean mejores y que vivan seguras, libres de daño diariamente es normal. Una vida llena de comodidad y prosperidad es una parte prometida de creer en un Poder Superior.

Junto con la fe viene el poder de la liberación. Cuando pedimos liberación de los problemas que plagan nuestra alma, se nos dan las herramientas para lograr el resultado. Es la técnica que utilizamos para crear la versión la que cuenta. Así como trabajar a través del paso requiere consistencia, también la fe y tu contacto consciente con Dios.

Mejorar tu conexión con el Dios de tu entendimiento es un proceso basado en tus creencias personales y el conocimiento de un Ser Supremo. El sentido o la percepción de su Poder Superior se hará más claro a través del trabajo en el Paso Seis.

Nuestro proceso para eliminar nuestros defectos de carácter en este paso es muy parecido a los dos primeros pasos. La única diferencia es que ahora tenemos una buena idea de lo que significa la aceptación y la rendición. Cuando nos enfrentamos a la situación de un individuo abusivo, el concepto de control estaba fuera de discusión. Cuando nuestras vidas están rodeadas de personas controladoras, eventualmente conducirá a la eliminación de la persona en la que estabas destinado a convertirte. Aprendemos a suprimir cualquier emoción que pueda causar un estallido de otra situación abusiva. Este estado mental permite que nuestro instinto de supervivencia corra a toda máquina. Al hacerlo, nuestro cuerpo se acostumbra tanto a este vuelo o respuesta de lucha, la realidad ya no existe en nuestras vidas. Nos desprendemos de nuestros cuerpos. Nuestras mentes y cuerpos se convierten en entidades separadas, y a medida que el abuso continúa, nublamos todas las emociones completamente. Debemos aprender durante este paso a desbloquear esa bóveda, a volvernos vulnerables, y pedir que estos defectos sean liberados.

## La lista

Los defectos de carácter son los indicadores de nuestra naturaleza básica. Encontraremos a medida que progresemos en este programa que tenemos la misma naturaleza básica que cualquier otro. Estos comportamientos naturales nos hacen humanos. En estas acciones tomamos las mismas decisiones que otros; las elecciones se basan en necesidades, deseos y, a veces, deseos. Es la forma en que actuamos sobre estas emociones que fuerzan eventos futuros. Cuando aprendemos a mantener el equilibrio y la consistencia a través de la guía de nuestro Poder Superior, nuestras vidas se vuelven manejables. Nuestro objetivo es crear conciencia de nuestros defectos para que podamos estar completamente listos para su liberación. Esto no se hace analizando su origen o cayendo en un brote de autodegradación. Es aprender a aceptar la elección que hicimos y dejar de esperar un pasado mejor.

**Enumere cada defecto y dé una breve descripción. Luego enumere los principios espirituales de combate con su explicación**

El paso seis se basa en nuestra voluntad de cambiar nuestros pensamientos sobre lo que creemos que somos. Al hacerlo, permitimos que la verdadera naturaleza de nuestra alma sea expuesta. Comprometerse con el proceso de restauración es un compromiso continuo con la vida que elegimos vivir, no con la vida que alguien elige para nosotros.

La aplicación del Paso Seis es simplemente la voluntad de aceptar a la persona que somos, sin importar lo que pensemos que puedan ser nuestros defectos de carácter. Es imperativo amarte a ti mismo tal como fuiste creado; eso incluye tus errores y logros. Cualquier falta de voluntad para aceptar el pasado y reconocer el futuro como brillante y alegre eventualmente paralizará nuestro crecimiento espiritual.

La cantidad de voluntad que tienen corresponde con la cantidad de fe y confianza que han desarrollado trabajando a través de estos pasos. Debemos aprender a creer que nuestro Poder Superior trabajará en nuestras vidas en el grado exacto necesario.

A medida que avanza en el proceso de restauración, su vida cambiará drásticamente. Los sentimientos de incertidumbre sobre tu futuro pueden llegar a ser abrumadores a veces, incluso insoportables. Pero es durante estos tiempos cuando más crecimiento se puede lograr con el estado de ánimo adecuado. Aprender a soñar y crear la vida de nuestra elección es algo que la mayoría de nosotros nunca imaginamos posible. Por lo tanto, tómese este tiempo para enfocarse en la visión de lo que elegimos obtener en nuestra restauración y mantener la visión durante el resto del proceso.

## Paso siete: "Humildemente le pedimos que nos quitara nuestras carencias".

Sección Siete - Entendimiento: Darme cuenta de las experiencias pasadas solo puede dañar mi futuro cuando se dejan sin atención.

A través de cada paso, estamos despojando todas las cosas malas que han sucedido en su vida, junto con los aspectos de su comportamiento y acciones que los llevaron a este programa. A medida que las partes de nuestra vida se despegan, aumenta la conciencia de cada deficiencia y nos permite obtener una mejor comprensión de las elecciones que hicimos y por qué los resultados resultaron como lo hicieron.

El entendimiento trae familiaridad y hasta una serena calma porque finalmente vemos las consecuencias de las elecciones que hicimos. A medida que este proceso se lleva a cabo, ganamos un aprecio por la humildad y la rendición. Deseamos ansiosamente ser liberados de las oscuras imágenes del pasado y centrarnos en los principios espirituales. A medida que este proceso tiene lugar, también obtenemos una mayor comprensión de nuestra fe.

Comprender la realidad de nuestra relación abusiva y el papel que jugamos es crucial para nuestra restauración. Es cierto que no tenemos la culpa por el abuso o la situación destructiva, pero nuestra elección con respecto a la relación inicial y la pareja es un área de nuestra vida que tenemos que abordar. Estudiar la naturaleza de nuestras carencias es muy parecido al trabajo que hicimos en el Paso Seis con nuestros defectos de carácter. La diferencia aquí es que podemos reconocer verdaderamente el concepto de rendición y aceptación. Al pedir humildemente esta liberación, inconscientemente comenzamos a eliminar defectos de carácter.

El Paso Siete puede darnos nuestra primera experiencia en sentir algo de compasión por nosotros mismos. Podemos cometer errores, olvidar algo o no completar todas nuestras tareas diarias y no temer una situación abusiva. Está bien ser humano y solo cuidarnos a nosotros mismos.

Podemos decir no a algo simplemente porque no se adapta a nuestras necesidades. Finalmente podemos desarrollar una conexión con otros, sabiendo que todos estamos sujetos a las mismas inseguridades y fallas. Aprendemos a aceptar que nuestros sueños y metas para el futuro son importantes. Tenemos derecho a la felicidad, el éxito y la prosperidad.

Para eliminar cualquier cosa en nuestras vidas debemos estar dispuestos a alejarnos, no importa cuáles sean las consecuencias. El dar algo simplemente significa hacer espacio para su bien mayor.

Una vez que aprendas a desarrollar una relación honesta y sincera contigo mismo, te dará una oportunidad para liberar cualquier deficiencia que esté limitando tu progreso continuo. Cuando puedes aceptar completamente todos los aspectos de quién eres, tu vida cambiará de maneras que ni siquiera puedes imaginar. Estas cosas incluyen aspectos físicos, así como, el estado educativo, o la situación financiera. Aprender a centrar tus pensamientos en tus atributos y talentos naturales te permitirá convertirte en el increíble individuo para el que fuiste creado.

## Tomando medidas

En este punto, usted puede estar preguntándose cómo se supone que se siente. Esta es una gran pregunta porque es este sentimiento lo que finalmente te llevará a la restauración que deseas. El descubrimiento es el aspecto clave para encontrar soluciones. Es en estas expresiones donde percibes el poder de ver con tu comprensión. Ver algo es ser capaz de entender. No ves con tus ojos tanto como ves a través de tus ojos de acuerdo a lo que entiendes. Ahora la voluntad de tomar acción de acuerdo a lo que usted entiende le moverá a la siguiente fase de su restauración.

Dado que la mente humana ve imágenes, ganamos conocimiento y comprensión a través de esas imágenes. Es con esas imágenes que creamos la impresión de la vida que vivimos y queremos vivir. Por lo tanto, mientras navegas por el pasado y tus impresiones de tus experiencias, mantén tu mente abierta y busca las lecciones positivas y el conocimiento que obtuviste de esas situaciones. La preparación para el resultado y la forma en que veas el futuro dependerá de lo bien que lidies con el pasado.

Usted puede encontrarse a sí mismo sintiéndose inquieto y luchando con ciertos aspectos de su restauración, incluso su espiritualidad. Esto era normal para todos nosotros en este momento. Solo significa que estás tomando conciencia de tus acciones y emociones relacionadas con esas acciones. En la mayoría de los casos, estas experiencias son señales claras de éxito y del deseo continuo de mejorarnos a nosotros mismos.

Nuestra comprensión del pasado crea el camino para un futuro extendido libre de abusos. Es a través de estas confesiones que creamos el conocimiento para expandir nuestro futuro. La humilde acción de pedir la eliminación de nuestras carencias es el antecesor para lograr la restauración que usted desea.

**Paso ocho:** "Hicimos una lista de todas las personas que nos dañaron, y se volvieron dispuestos a hacer la paz con nuestros abusadores y aceptar el juicio es concedido solo por el Dios de nuestro entendimiento."

**Sección Ocho - Voluntad:** Depende del poder de la creencia.

El paso ocho puede resultar ser el más difícil de todos los pasos. Ahora, no vamos a enmendar a nuestro abusador, pero debemos lidiar con el perdón. La capacidad de perdonar a alguien que nos ha causado dolor, tristeza o daño corporal -intencional o no- es uno de los aspectos más difíciles de la restauración. El daño infligido fue tanto físico como emocional; sin embargo, lo mental puede reemplazar lo físico de muchas maneras. Las heridas y moretones cicatrizan, pero las cicatrices quedan atrás. Estas emociones son mucho más profundas de lo que podemos imaginar en algunos casos.

El concepto de perdón es un acto de renovación completa, lavando lo malo y desvelando lo nuevo. Es un principio espiritual que no debe tomarse a la ligera. Nunca debe haber miedo en el perdón porque permite una liberación de viejos recuerdos y sus experiencias. Cuando has sido lavado limpio del pasado, tu plan divino puede desarrollarse como se supone. Cuanto más rápido liberes y perdonas, más pronto tu mayor bien puede ser expuesto.

Puede sentir que revisar o escribir sobre el abuso le causará más dolor, pero es lo contrario. Al eliminar la parte de abuso real de su mente, le permite liberar el dolor, la ira, la culpa y la humillación a la parte responsable. Esto deja a tu mente libre de aceptar el perdón.

De vez en cuando se pueden sentir olas de duda o amargura, y esto se espera. Has pasado por una situación traumática y la curación lleva tiempo, así que date un respiro. En este caso, se valoran sus reservas. Es un gran paso que requiere una completa rendición para que el perdón sea posible. Perdonar no es algo que uno simplemente diga, se trata de cómo uno se siente.

Ciertas situaciones pueden requerir una separación completa de nuestros abusadores. Por lo tanto, no solo nos enfrentamos a la ira de ser abusados, sino que también tenemos que enfrentar la ansiedad de la pérdida. No es diferente a la pérdida sentida por la muerte de un ser querido. El duelo también puede jugar un papel importante. El paso ocho nos guiará a través de las fases de resolver nuestros problemas de perdón.

Escribir un registro de perdón será diferente a cualquier otra declaración que hagas. Su declaración debe ser específica, que incluya los detalles que abarcan cada palabra hiriente, la incidencia de abuso, o la situación dirigida a usted. Los hechos concretos de las acciones no son necesarios, como fechas, horarios, duración, etc. Simplemente comienza a escribir esta declaración como si estuvieras sentado al otro lado de la mesa de tu abusador. Explique por qué le hieren, cómo le hizo sentir y por qué está enojado. Sé lo más honesto posible. Escribe la carta con amor, comprensión y compasión. Recuerde, esta declaración es para usted, no para ellos. No les des más control sobre tu vida del que ya tienen.

La lista puede contener numerosas variedades de personas y eso está bien. Lo mejor es empezar por las personas que más te han perjudicado, o que están constantemente en tu mente. La gente a la que no pareces temblar. Algunas de estas personas pueden no estar en tu lista porque te hicieron daño o tú les hiciste daño; tal vez los conociste en el pasado o incluso en el presente y han dejado una impresión eterna en tu alma.

Esta lista no es solo para enmendar o buscar el perdón, es una forma adicional de buscar patrones de comportamiento y conocer más sobre la persona que has sido y quieres ser. Recuerda, este programa es sobre ti, no sobre nadie más.

Ahora que su lista ha sido escrita, es hora de estar dispuesto a escribir las declaraciones de perdón. Estas declaraciones deben ser del corazón y sinceras, de lo contrario seguirás repitiendo los mismos patrones. Prometiéndonos que no volveremos a cometer los mismos errores no es suficiente, porque parte de nuestro comportamiento está tan arraigado que ni siquiera somos conscientes de los efectos que ha tenido en nuestras vidas. Negarse a aceptar nuestras faltas es negación en su máxima expresión.

Mientras miras tu lista, pueden aparecer imágenes de tu pasado. Algunas de estas fotos pueden no ser tan atractivas, y muchas de ellas que has querido olvidar durante mucho tiempo. Bueno, ahora tienes la oportunidad de hacer eso. Al liberar estas instancias con amor, creas declaraciones de perdón que provienen del corazón. Creer que puedes encontrar la restauración en tus términos permite eliminar estas experiencias.

El enfoque de honestidad, coraje y voluntad de trabajar en este paso muestra un verdadero compromiso con la vida que has elegido crear para ti mismo. Debemos aprender a olvidarnos de los resentimientos y no culpar a otros por las decisiones que tomamos. Debemos aceptar nuestro pasado y dejar de justificar las excusas que hemos puesto por la vida que llevamos. Simplemente necesitamos poner estas cosas en la lista.

Ya hemos hablado de hacer nuestra lista, y las razones por las que puede ayudar en nuestra restauración para mejorar la vida. Nuestro futuro es brillante, lleno de éxito, prosperidad y alegría, pero solo si estamos dispuestos y somos capaces de dejar ir estos resentimientos. Cuando embotellamos esta cosa negativa dentro de nuestro cuerpo, crea problemas de salud de todo tipo, y arruina nuestra alegría diaria y cada oportunidad de tener alguna vez una relación saludable con cualquier persona. Siempre seremos poco confiados, rencorosos y recelosos de lo que pueda suceder.

Desarrollar relaciones íntimas con otras personas es lo que nos hace crecer en las personas que fuimos creados para ser. Compartir nuestras esperanzas, sueños y deseos con otros es parte del proceso de restauración. Sólo podemos conservar lo que tenemos cuando lo regalamos. Al mantener los resentimientos, seguiremos viviendo una vida de aislamiento, miedo, desconfianza y secretismo; la única cosa que hemos deseado huir. La elección es tuya y tuya sola.

Discutir cada una de estas declaraciones de perdón con un patrocinador o amigo de confianza es esencial para que usted reciba los beneficios completos de trabajar a través de este paso. Al compartir sus sentimientos con otra persona, obtendrá una mejor comprensión de hacia dónde debe dirigirse su enfoque.

Cuando hayamos eliminado todos los elementos distractores de nuestro abuso y expuesto el sólido núcleo de serenidad, humildad y perdón, estamos listos para el Noveno Paso.

# Paso Nueve: "Hicimos Enmiendas Directas a Nosotros Mismos y Declaraciones de Perdón a las Personas Que Nos Han Lesionado".

**Sección Nueve - Orden:** Discernir la diferencia entre el reconocimiento y la aceptación.

Debido a la magnitud de nuestro abuso, la idea de poder sentarnos y llegar a un entendimiento del perdón y la paz con nuestra situación parece completamente fuera de discusión. Y sin embargo, aquí están, dispuestos a sentarse y escribir una declaración de perdón. Una carta que se basa en el amor y la absolución; un proceso que finalmente te llevará a la restauración que deseas.

El relato real del abuso es algo que puede que nunca aceptes o entiendas, y eso está bien. El punto es que llegamos a una solución de misericordia y compasión por otro ser humano, incluso cuando nos han hecho daño. La rendición final a su Poder Superior es de voluntad y de pedir la liberación de esta montaña rusa emocional en la que han estado por algún tiempo. La pregunta que debes hacerte es, ¿mi voluntad y confianza han crecido lo suficiente como para guiarme a través del Noveno Paso?

El Noveno Paso no puede ser envuelto en un pequeño paquete ordenado o ser ignorado como una fase menor y cumplido rápidamente. Este paso es algo que podría tomar años para completar, o puede que nunca termines este. Cuando usted está finalmente listo para escribir las declaraciones de perdón y centrarse en el resultado de cada uno, cuidadosa deliberación debe ocurrir para discernir las consecuencias de esa decisión. Solo hacemos enmiendas directas a esas personas siempre que sea posible, excepto cuando hacerlo los perjudicaría a ellos o a otros, especialmente a nosotros mismos.

Cuando observamos las decisiones en nuestras vidas que crearon situaciones hirientes, el foco debe estar en las razones por las que se hizo nuestra elección. Por eso es tan importante enmendar las cosas con una deliberación cuidadosa y debemos tener presentes las causas iniciales.

Todos entramos en este programa en diferentes niveles de abuso. Algunos pueden haber sido más físicos que mentales, mientras que otros contienen variaciones extremas de cada uno. Debido a esta desviación, los cambios en su personalidad y disposición varían tanto. Por lo tanto, puede que ni siquiera se den cuenta de las transformaciones a menos que alguien las señale. Esto hace que sea especialmente importante discutir cualquier enmienda o declaración de perdón antes de hacer una o escribir una.

A medida que pasa el tiempo, los cambios suelen ser graduales y sin iniciaciones drásticas. Por lo tanto, es útil tener una guía en el proceso. Durante este curso, los cambios se basarán en cómo se siente. Las emociones pertenecen a ti mismo en general, pero incluyen tus logros en este programa también. Mantener un diario detallado es una gran guía de referencia a medida que avanza por los pasos.

A veces pensamos que apresurarnos a obtener un resultado aliviará la presión que sentimos dentro cuando en realidad solo agravamos el problema. La culpa superficial y la vergüenza son lo que parece evidente, pero puede haber problemas subyacentes de los que ni siquiera somos conscientes todavía. Estas cuestiones podrían ser la causa inicial de las decisiones que tomamos para entrar en una relación abusiva. La negación ha mantenido a raya las razones. Solo después de que entendamos el comportamiento repetitivo se forma la claridad y se revela la verdadera causa de nuestras elecciones. Si no llegamos a una comprensión completa del mensaje enseñado trabajando a través del Paso Nueve, nos aventuramos en lo desconocido.

Una cosa difícil de lograr es limitar sus expectativas de una situación particular. Al asumir un resultado esperado, disminuyes el verdadero propósito de la experiencia. La clave es abrir tu mente a resultados positivos. A medida que comienzas a invocar y liberar el orden en tu vida, todo en tu mundo responderá positivamente.

Establecer el orden es un estado emocional de la mente. Primero, debes estar dispuesto a detener la locura que reina libre dentro de ti, minimizando todo lo que no resuene de una manera tranquila y ordenada. Deje de tomar decisiones basadas en las sugerencias, preocupaciones o el control forzado de otra persona sobre su vida. Estas lecciones son parte del proceso y la restauración del trabajo a través de estos pasos. Es la conciencia de las decisiones que tienes que tomar lo que es importante. Detente, mira, escucha, y luego decide.

Una de las enmiendas más difíciles que jamás harás es para ti mismo. Debes hacerlo una prioridad; la liberación vendrá solo cuando estés en paz contigo mismo. Hemos luchado con el miedo, y hemos sido manipulados controlando el comportamiento y la rabia. Incluso las consecuencias de nuestras acciones nos han traído vergüenza. En muchos casos, parecía como si no importara lo que hiciéramos, no era correcto o suficiente. Siempre nos equivocamos.

Luego, después de un largo período, comenzamos a creer estas mentiras, causando que dudáramos de cada parte de nuestra vida. Lo llevamos hasta el punto de justificar las mentiras y excusas con declaraciones plausibles, y en ciertas situaciones, puede que te hayas encontrado defendiendo al abusador. Esta acción les permitió culparte.

Manipular tus sentimientos es una clara señal de una situación traumática que nunca podría terminar con un resultado esperanzador. Si te encuentras negando esta afirmación, es hora de volver a enfocarte en el propósito del Noveno Paso.

La única intención del Noveno Paso es dar un camino y reparar el daño del pasado. Al hacerlo, nos concedemos libertad, restauración y una relación equilibrada con nosotros. Solo estar bien con lo que somos y las decisiones que tomamos.

Llegar al punto en que podemos estar bien con la persona, que vemos en el espejo es un paso importante en el proceso de restauración. Aprender a aceptar los errores del pasado y estar contento con el presente siempre será una lucha para la mayoría de nosotros, pero la determinación de mejorar nuestras vidas y querer más nunca debe ser algo que evites. Es bueno querer más fuera de la vida; dar, recibir y compartir.

A medida que avanza por el Noveno Paso puede haber gente en su lista a la que le debe reparaciones. Si este es el caso, el mismo proceso sigue como enmiendas a usted. Comience con una carta de explicación sobre la naturaleza exacta de sus errores.

Tenga en cuenta a lo largo de sus enmiendas que el propósito de este encuentro cara a cara no es cómo se reciben las enmiendas o si recibimos o no las enmiendas a cambio del daño que nos han hecho, se trata de corregir un mal. No estamos haciendo las enmiendas para coaccionar o manipular un reconocimiento recíproco.

## Hacer enmiendas

El proceso de preparación para tales enmiendas está completo y usted está listo para continuar con la tarea. Si usted está haciendo las paces en un encuentro cara a cara con alguien que usted puede estar sintiendo como si usted podría caminar en la nube nueve, lleno de alivio y la libertad de la culpa llevada dentro. Tal sentimiento podría ser una experiencia completamente nueva para ti y algo para mantener cerca de tu corazón. Es el primer sabor de libertad del pasado.

El trabajo que has hecho está dando sus frutos. Si sigues adelante con este estado de ánimo cuando haces las paces, las posibilidades son mucho mejores que tu admisión será bienvenida.

El proceso real de enmendar la situación no siempre es reconfortante. Nuestros miedos y dudas pueden aumentar y causar extrema preocupación o estrés sobre el resultado o cómo seremos recibidos. En este caso, debemos confiar en nuestros principios espirituales para guiarnos a través del proceso y confiar en que el resultado traerá el mayor bien para todos los involucrados.

La esencia del Paso Nueve está siendo liberada de tu culpa y vergüenza. El concepto de libertad es algo que venimos buscando desde hace mucho tiempo. Nuestro comportamiento obsesivo que resultó de la relación abusiva finalmente se está volviendo claro, y ahora estamos conscientes de los signos. La oscuridad en la que sobrevivimos ha pasado y la libertad de una nueva vida ha comenzado. Ahora podemos empezar a vivir con plenitud de corazón y esperanza para el futuro.

# Paso diez: "Seguimos buscando la restauración a través de un inventario personal diario y aceptando la responsabilidad por Nuestras Acciones".

**Sección Diez - Celo:** Una actitud agraciada, flexible, que trabaja dentro de cada persona, manifestándose como gran compasión y amor.

Los primeros Nueve Pasos te llevaron a algunos cambios dramáticos en tu vida. Algunos de ellos pueden estar más allá de lo que esperabas. Pudimos llegar a la conclusión de que nuestras opciones no siempre fueron acertadas o exitosas, pero sobrevivimos a la situación. Nuestra experiencia nos llevó a este programa donde podemos encontrar la restauración y lograr la vida de éxito, siempre hemos soñado tener. Con una vigilancia continua, nuestro viaje nos llevará a una vida de alegría y amor. Este camino puede no ser siempre fácil y libre de

**problemas, pero con el conocimiento que hemos ganado de estar involucrados en este programa, nuestro kit de herramientas está lleno y estamos bien armados para difundir una situación antes de que el desastre pueda golpear. Vivir este programa y los principios enseñados son guías para una vida llena de éxito, pero solo si seguimos siguiendo las prácticas y llevando el mensaje a los demás. Como se ha señalado, antes, esta guía pretende ser un punto de partida, no la palabra final en ninguno de los pasos.**

## Sentimiento versus acción

Para comenzar lo esencial de un inventario personal, primero debemos entender su importancia. Para mantener lo que tenemos en este punto, debemos continuar practicando los principios espirituales que hemos aprendido. Debes aprender a intimar más con lo que somos como persona. Esto se puede hacer evaluando patrones de comportamiento y haciendo un inventario personal. Para crear este inventario, debemos mantener una conciencia continua de lo que estamos sintiendo, pensando, y aún más importante, lo que estamos haciendo. Los vínculos con lo que somos y lo que hacemos se basan en la persona en la que nos hemos convertido, o la persona que fuimos. Por ejemplo, si alguien nos pregunta: "¿Cómo estás?" y respondemos: "Soy terrible" la respuesta viene de cómo nos sentimos, no de lo que estamos haciendo. Sin embargo, esta respuesta puede tener varios significados diferentes. Por lo tanto, debemos ser honestos con nosotros mismos y con los demás acerca de la verdadera naturaleza de la respuesta. Teniendo en cuenta cómo pensamos es cómo nos sentiremos. Aquí es donde entra en juego el inventario personal diario. El registro es un relato exacto de lo que sucede en nuestra vida cada día, permitiéndonos actuar sobre una situación antes de que se vuelva crítica. Ahora, puede que no siempre seamos capaces de detener o prevenir que suceda cada situación, pero podemos controlar nuestro comportamiento y emociones antes, durante y después del hecho.

Al aprender nuestro conjunto de cualidades de carácter que nos hacen quienes somos, podemos ser un mejor juez de nuestro comportamiento. Esta es la razón por la que siempre estamos reaccionando de la manera que lo hacemos a ciertos estímulos. La respuesta es por lo que hemos aprendido. Los hábitos que formamos son los que nos mantienen en los mismos patrones. Con este conocimiento y un relato escrito, podemos ser conscientes de nuestras acciones y trabajar para alterar nuestro comportamiento en consecuencia.

La mayoría de nosotros entramos en este programa con una comprensión básica del bien y del mal. Sin embargo, en ciertas situaciones podemos habernos visto obligados a hacer cosas contra nuestra voluntad, sabiendo que estaba mal. Como instinto de supervivencia participamos en el evento de todos modos, y ahora sentimos gran remordimiento por haberlo hecho. Conocer la diferencia entre el bien y el mal no significa que nuestras emociones no se apoderaron del proceso judicial y respondimos de manera inapropiada. Así, nuestras acciones han causado una culpa extrema e incluso vergüenza en algunos casos. Antes de entrar en este programa, vivíamos en modo de supervivencia, y eso significa que fuimos reducidos a un nivel animal. Hicimos todo lo necesario para sobrevivir.

Determinar cuándo reparar puede ser difícil a veces. Algunos de nosotros podemos estar preguntándonos cómo averiguar si hicimos algo malo en primer lugar. La elección es algo que no se debe apresurar ni forzar de ninguna manera. Aprender a confiar en nuestros sentimientos y confiar en la intuición requiere práctica. El proceso muy probablemente tomará el resto de su vida, y no es algo que nunca perfeccionará. Es una parte de ser humano. Hay una paz interior que desarrollarás en lo profundo de tu interior; no se puede confundir una vez que aprendes a reconocerlo. La práctica y finalización del Paso Diez ayudará a desarrollar esta visión y le permitirá confiar en ella. Si realmente te encuentras atrapado en si has hecho o no algo malo y necesitas enmendarlo, hay varias opciones: 1) Localiza a la persona y simplemente reconoce que puedes haber herido sus sentimientos y que lo sientes; 2) Escribir sobre la experiencia y orar sobre la situación; 3) Discuta el problema con su patrocinador o entrenador de vida para obtener asesoramiento. Cualquiera que sea la forma que elijas depende únicamente de ti, pero ignorar la situación solo agravará el trauma emocional.

A diferencia de los pasos anteriores, ahora hemos pasado a vivir en el presente y no en el pasado. Es nuestro primer impulso para hacer una excusa o negar la elección que hicimos. Esto no excusa nuestro comportamiento, porque estamos reaccionando a un conflicto potencial que puede ni siquiera existir. Por lo tanto, debemos comenzar a reconocer nuestras acciones y evaluar rápidamente nuestras decisiones. Disculparse por las elecciones que hacemos en nuestras vidas ya no es necesario.

## Tomando mi primer inventario personal

La esencia de cambiar cualquier hábito es la consistencia. Solo a través de la repetición podemos alterar nuestro comportamiento. Para cambiar un comportamiento pasado se requiere un mínimo de 31 días de reconocimiento constante y de ejercicio del cambio de comportamiento. No importa si el comportamiento es bueno o malo, por lo que debe ser muy consciente de sus acciones diarias. Es por esto que necesitamos un entrenador de vida o patrocinador para guiarnos en la dirección correcta. A medida que continuamos el camino de la restauración, estos principios espirituales se convertirán en una segunda naturaleza, por así decirlo. Aprenderás a apreciarlos y desearás el progreso que pueden traer a tu vida.

Es hora de comenzar el inventario. Comience creando estas listas que se pueden usar en cualquier parte de nuestra vida. Es aconsejable consultar a su patrocinador o entrenador de vida para obtener ayuda con cada paso en el que está trabajando.

En el décimo paso, aprendemos la importancia de la autodisciplina, la honestidad y la integridad con nosotros mismos y con los demás. Esta práctica toma consistencia y compromiso con el futuro y la vida que elegimos vivir. Sólo cuando nos comprometamos verdaderamente con las acciones del presente podremos alcanzar los objetivos que nos fijamos. En ningún momento podemos esperar un pasado mejor.

Todo lo que podemos hacer es intentar evitar repetir patrones.

Mantener una integridad constante con nosotros mismos es imperativo para la restauración continua. En el advenimiento de volverse completo, desarrolla valores morales que resistirán durante el resto de tu vida.

Junto con el trabajo a través del décimo paso, hemos aprendido a admitir nuestros errores, y con tal admisión vino la libertad a diferencia de lo que la mayoría de nosotros hemos sentido. Ser completo es un estado mental que eventualmente se convertirá en algo que deseas diariamente. También hemos aprendido que no éramos inferiores en absoluto, que teníamos tanto valor como cualquier otra persona. Nuestra vida es importante y desempeñamos un papel crucial en el tejido de la humanidad.

La última parte de este paso comenzó a darnos una idea del futuro y lo que encierra. La libertad que obtenemos como resultado de trabajar a través de estos pasos nos da sentido y propósito. Encontramos que nuestros pensamientos se basan en la dedicación y los principios que mejoran nuestras vidas, no la destruyen. Tenemos la libertad total de crear cualquier tipo de vida que elijamos. Nuestro éxito y prosperidad descansan únicamente en las acciones que tomemos de aquí en adelante. Nos hemos rendido a ser restaurados por nuestro Poder Superior.

Paso once: "Buscamos, a través de la oración y la meditación, mejorar nuestro contacto consciente con Dios tal como lo entendíamos, orando solo por el conocimiento de su voluntad para nosotros y el poder para llevarlo a cabo".

**Sección Once - Eliminación:** El poder de la eliminación está constantemente infundiendo más energía en el ser de uno y al mismo tiempo arrojar fuera de la mente y el cuerpo todos los residuos. El amor perdonador de nuestro Poder Superior no es solo una maravillosa estimulación espiritual para el alma y el cuerpo, es un factor importante en el proceso de eliminación. Esto provoca una infusión de lo nuevo mientras se produce un soltar lo viejo.

Debemos aprender a practicar la ley del perdón porque se basa en la vida nueva. Cuando aprendemos a rendirnos a su fundamento, recurrimos al poder de la fuerza de Dios, la fuente divina, para expulsar a los viejos. Aferrarse a los pensamientos de infelicidad, culpa y vergüenza hace que la falta de armonía exista en nuestras vidas. Una vez que la luz nueva nace en el consciente, da paso a viejos errores y pierden su agarre y se alejan. Debes aprender a aceptar que la caída de lo viejo y la presencia de lo nuevo es el resultado de la ley de Dios en tu vida.

El Undécimo Paso es la búsqueda de la iluminación interior, y con este conocimiento, puedes desarrollar un contacto consciente con el Dios de tu entendimiento. Junto con esta exploración, aprenderemos el concepto de fe. Esta dedicación fomentará los medios para vuestra espiritualidad.

La convicción de buscar tu espiritualidad es única para cada persona. Algunos de nosotros tal vez necesitemos tomar un nuevo curso mientras que otros prefieren tomar el camino que aprendieron cuando eran niños o re-desarrollar una herencia familiar. De cualquier manera, el factor importante aquí es que continuemos el viaje.

Algunos de nosotros llegamos a este punto y simplemente no lo sabemos. Cada camino que hemos intentado en el pasado ha traído miedo, dudas y resentimientos, e incluso las vías actuales parecen ajenas. Esto no es de ninguna manera una razón para frustrarse o desanimarse. Todos entramos en este programa en diferentes niveles de nuestras vidas. Solo a través de la oración y la guía podemos seguir esforzándonos y encontrando nuestro bien más elevado.

Buscando descubrir nuestra espiritualidad, es probable que visitemos instituciones espirituales u organizaciones comunitarias. Somos propensos a leer numerosos libros sobre espiritualidad y crecimiento personal, junto con las personas que nos acercaremos y encontraremos durante este viaje. Es a través de este proceso que realmente descubrimos quiénes somos así como nuestro propósito. Sea cual sea el enfoque que elija, el proceso es personal y único.

Un ejercicio significativo es desarrollar la iniciación de la oración y la meditación. Es mediante el uso de una o ambas prácticas que desarrollamos nuestro contacto consciente con el Dios de nuestro entendimiento.

La práctica de la oración y/o meditación es tan diversa como tu espiritualidad. Por supuesto, habrá puntos en común en cualquier método de oración, y pedir alguna guía es recomendable si eres nuevo en el concepto. Escribir una colección de sabiduría obtenida de cada persona o contexto que ha encontrado construye una base básica sobre la cual puede construir una práctica. Hay un modelo básico que debes formar: un diálogo. Las relaciones son una calle de doble sentido y ambas partes deben dar para recibir.

La oración es hablar con nuestro Poder Superior. Podría no ser a través del habla; podría estar en nuestras acciones o en los sentimientos evolutivos que llevamos ahora. De cualquier manera, las comunicaciones deben permanecer constantes y progresivas. A través de la secuencia de estos pasos, usted ha creado una base sólida sobre la cual construir. Muchos de nosotros hemos designado el proceso de oración para momentos específicos del día, lo que ayuda a desarrollar buenos hábitos de comunicación. Estos hábitos también se extenderán a otras áreas, mejorando la restauración en todos los aspectos de tu vida.

Si esta es tu primera experiencia trabajando a través del Undécimo Paso, te sorprenderás de haber estado orando y meditando durante todo este proceso. Cada vez que usted participa en una reunión, se reúne con su entrenador de vida o patrocinador o se sienta en silencio, usted está evolucionando su contacto consciente con Dios.

Es por este proceso que desarrollamos patrones de meditación. Como se dijo antes, la meditación es tan única como el proceso de oración y la espiritualidad. Lo que están aprendiendo son algunas pautas para desarrollar un entendimiento y conocimiento de su Poder Superior.

Cuando comiences a meditar, trata de minimizar las distracciones, especialmente las electrónicas, para que puedas concentrarte en el conocimiento de tu Poder Superior. Nuestra comprensión de la comunicación que recibimos no es siempre un conjunto de palabras o instrucciones; puede ser simplemente un sentimiento o emoción. Sin embargo, a través de la oración y la meditación regulares, nos llega como una seguridad tranquila de nuestras decisiones y la disminución del caos que solía acompañar todas nuestras vidas y pensamientos.

En un panfleto escrito por Myrtle Fillmore en 1866, ella recuerda cómo su vida fue guiada por un contacto consciente con Dios. Ella afirma, "La vida es simplemente una forma de energía, y tiene que ser guiada y dirigida en el cuerpo de un hombre por su inteligencia. ¿Cómo nos comunicamos con la inteligencia? Pensando y hablando, por supuesto. Entonces me pareció que podía hablar para vivir en cada parte de mi cuerpo y hacer que hiciera justo lo que quería. Empecé a enseñar mi cuerpo y obtuve resultados maravillosos". Mientras proyectaba las afirmaciones positivas sobre su cuerpo, la energía vital comenzó a crecer y sanar su enfermedad así como su alma. Después de que le diagnosticaron tuberculosis y le dieron seis meses de vida, su cuerpo sanó y vivió otros 40 años. Este es solo un ejemplo de lo que la mente humana es capaz de hacer cuando está enfocada.

Hay tantas maneras en que la gente tiene una conciencia consciente de Dios, pero simplemente significa que notamos o sentimos una presencia en nuestra vida diaria. La fe no entra y sale ni se desvanece. Nuestra conciencia es lo que viene y va, de acuerdo a nuestros estados de ánimo y sentimientos profundos que afectan constantemente nuestro contacto consciente. No vives en tu cuerpo tanto como vives en los sentimientos y pensamientos que envuelven tu cuerpo. Esto hace imperativo que observemos de cerca la actitud que tenemos sobre nosotros mismos y los demás. Aprender a mantener una relación sana con nuestro Poder Superior sirve para minimizar la negatividad que fluye a lo largo del día. La meditación es una poderosa herramienta para ejercitar y combatir la negatividad y la duda.

La intención de este viaje es ayudar a promover la restauración. Es en la búsqueda donde encontramos contacto consciente con nuestro Poder Superior. La voluntad de Dios trae un sentido interno de paz que gradualmente se extiende por todo el cuerpo, una señal de que la restauración está teniendo lugar. Una vez que hayas reconocido este sentimiento, manténgalo cerca para que puedas reconocer cualquier variación en el futuro. Esto te ayudará a mantener la vida en equilibrio.

La última parte del Undécimo Paso es aprender a descifrar tu verdadero propósito en la vida. Es algo que todos hemos buscado. Sin embargo, lo que la mayoría de nosotros nunca nos damos cuenta es que nuestro verdadero propósito ya está activo; solo tenemos que desarrollar la habilidad para ejercerla. A través de la oración y la meditación constantes, los conocimientos necesarios para buscar esta información se presentarán cuando el tiempo sea el adecuado. Solo después de haber encontrado el equilibrio y la paz en su mente puede estar listo para su verdadero propósito. Hay un dicho: "más serán revelados". Este concepto se basa en vivir por la voluntad de Dios, no la tuya.

A medida que continúes comprometiéndote con el proceso de restauración, el equilibrio que buscas llegará. Los resultados a largo plazo que desea desarrollar a medida que su relación se profundiza con el Dios de su comprensión.

Nuestras prácticas en este paso se muestran en cada área de nuestras vidas. A medida que sigamos practicando los principios que hemos aprendido, se establecerá un equilibrio, se liberará nuestro sentido de urgencia y nos aseguraremos en el proceso. La restauración es un viaje, no una maratón.

Finalmente podemos contentarnos con lo que somos, y satisfechos con la vida que hemos trabajado para lograr. Nuestro enfoque puede cambiar gradualmente a ser de servicio a otros Supervivientes Propósitos, extendiéndoles el don de la esperanza. Aquí es cuando nuestro verdadero propósito comienza a desarrollarse en nuestras vidas. LA LIBERTAD ESTÁ SOBRE NOSOTROS.

# Paso Doce: "Habiendo tenido un despertar espiritual como resultado de estos pasos, tratamos de llevar este mensaje a otros, y practicar estos principios en todos nuestros asuntos."

**Sección Doce - Vida:** Afirmar la "vida" hará que la fuerza vital fluya por todo el cuerpo.

Si estás leyendo esta oración entonces has tenido un despertar espiritual. La naturaleza del despertar es única para cada persona, aunque las similitudes en nuestras experiencias son notables. Cada individuo sentirá cambios en sus sentimientos. Se encenderá una chispa, permitiéndoles sentir su propósito. Casi instantáneamente la gente comenzará a notar los cambios y el crecimiento. Aún reconocemos los relatos del pasado y la importancia de recordarlos, pero estas experiencias ya no representan quiénes somos. La mayoría de nosotros sentimos que tenemos una segunda oportunidad en una nueva vida.

El viaje para nosotros no fue rápido ni de la noche a la mañana, pero el esfuerzo minucioso que hicimos nos transformó en la gente alegre y vibrante que somos hoy. Nos miramos en el espejo y nos gusta la persona que vemos. Recordar el pasado y mirar la forma en que vivimos es impensable ahora. No podemos imaginar cómo sobrevivimos y estamos agradecidos de que este estilo de vida esté en el pasado.

La vida tiene un nuevo significado ahora, ya no es algo que simplemente hacemos. Estamos recordando que la expresión de la vida es infinita. Atrévete a creer en las posibilidades ilimitadas para tu futuro. No dejes que las ideas inactivas obstruyan tu mente; más bien, abre tu pensamiento a la conciencia de una nueva vida llena de ideas creativas expresadas a través de tus afirmaciones.

Repita esto a menudo: *"Mi mente, cuerpo y asuntos están ahora llenos y encantados con la vida rejuvenecedora."* Esta simple afirmación puede transformar su mente, cuerpo y asuntos, trayendo viva la energía natural que ya está presente en su cuerpo.

Estos pasos son una base para ayudarnos a reiniciar nuestra vida sobre bases sólidas; una losa concreta que creamos para nosotros mismos a través de la honestidad, la integridad y la determinación. Nuestra capacidad de soportar las experiencias una y otra vez, mientras trabajamos a través de estos pasos, nos permitió ver que tenemos el poder y la fuerza para sobrevivir a cualquier situación.

Podemos estar mirando hacia atrás en este punto y recordando amigos, familiares, compañeros de trabajo quienquiera, preguntándonos por qué no sobrevivieron en el abuso. El pensamiento es triste, e incluso podemos sentirnos enojados, pero a través de este despertar espiritual aprendemos a aceptar nuestro Poder Superior tiene un mejor plan para nosotros y ellos. Tenemos que reconocer que están en un lugar mejor, libres de cualquier abuso adicional.

La mayoría de los recién llegados entran en un grupo de apoyo con solo un pequeño sentido de esperanza.

Cualquier concepto de vivir sin la amenaza de daño corporal es imposible para un nuevo miembro. Están envueltos en las realidades del abuso, sólo buscan una forma de sobrevivir otro día. El comportamiento violento de su relación abusiva los envuelve como una manta pesada, y están atados por el miedo al castigo eterno por las decisiones que tomaron en el pasado. Es una solución que el recién llegado busca encontrar, de aquellos que han sobrevivido a la situación abusiva y ahora viven una vida de restauración completa.

¿Qué significa llevar el mensaje? Al obtener el conocimiento, aprendiste de trabajar a través de estos hechos porque alguien antes de ti experimentó el dolor del abuso. Su compasión por otro ser humano, o ver a un recién llegado luchando por encontrar su camino, los obligó a pasar sus historias de restauración junto, con la esperanza de que otra persona podría ser librado de la misma experiencia de vida. Estas historias podrían liberarlos del pasado, abriendo una puerta para un futuro más brillante.

El mensaje de la restauración se puede desglosar de manera muy sencilla: *"Vivir libre de abusos, la restauración es posible, y hay esperanza".*

También debemos recordar cuando escuchamos el mensaje personalmente y cómo nos hizo sentir.

*"Llevamos la restauración a nuestra propia vida cuando compartimos el mensaje de esperanza con otros".*

Este mensaje es probablemente la mayor razón por la que podemos continuar con nuestra restauración. Nos da refuerzo para practicar estos principios en nuestra rutina diaria.

Cuando transmitimos el mensaje de esperanza a otra persona, es más probable que apliquemos las prácticas en nuestra restauración. Si enseñamos a alguien a trabajar a través de los pasos para una oportunidad de libertad, somos más propensos a mirarnos a nosotros mismos. Cuando sugerimos que un recién llegado encuentre un entrenador de vida o patrocinador, es más probable que nos pongamos en contacto con los nuestros. Estas son solo algunas maneras de ser de servicio, pero son las más eficaces para nuestra propia restauración. No conseguimos lo que tenemos hoy sin la ayuda de muchas personas cariñosas, cariñosas y compasivas. Tomar una posición de servicio para ayudar a otros asegurará que una persona más se libere de las garras de una relación abusiva.

A veces, llevar el mensaje puede ser difícil y parecer imposible, o puede sentir que la persona a la que intenta ayudar continúa en un camino de destrucción. Podríamos incluso pensar en renunciar a tal persona, pero debemos elegir sabiamente antes de tomar tal decisión. Deberíamos considerar los factores atenuantes. No hemos caminado en sus zapatos. Por lo tanto, a veces todo lo que podemos hacer es apoyarlos en la oración. Es en estos momentos que podemos estar frustrados o confundidos. Enfrentar estas situaciones es difícil, y no se trata de si llevamos el mensaje, sino de cómo. La percepción es de atracción, no de promoción. Esto también se aplica a nuestros esfuerzos cuando llevamos el mensaje a otros.

Cuando hablamos de los principios de la restauración y los practicamos en todos nuestros asuntos, la clave es la "práctica". Estas lecciones no se pueden lograr de la noche a la mañana, y nadie espera que lo hagas. Solo tenemos que seguir trabajando activamente en las lecciones a diario. Los beneficios espirituales que obtenemos de trabajar a través de estos pasos dependen del esfuerzo que pongas, no del éxito de los esfuerzos.

La humildad es probablemente la mayor cualidad que una persona puede llevar. Cuando nos jactamos de nuestros logros y divagamos sobre el éxito en nuestra vida, envía un mensaje de indiferencia a los demás. Un programa basado en la atracción no viene del éxito; proviene de los esfuerzos prácticos de las personas involucradas en el programa.

La práctica efectiva de gestionar todos nuestros asuntos no es específica de este programa de 12 pasos; no podemos separar nuestra carrera, relaciones, u otras áreas de nuestra vida. Los principios espirituales deben mantenerse en todo lo que haces y dondequiera que vayas. La integridad nos hace quienes somos y lo que representamos en la vida. La oración y la meditación consistentes ayudarán a mantener estas líneas límite claras. Además, asistir regularmente a reuniones y reunirse con tu patrocinador o entrenador de vida son otras motivaciones para mantener tu integridad.

## Definición de límites

Una parte muy importante de ser un Superviviente Propósito es el anonimato. Debemos mantener un estricto código de privacidad para cada persona involucrada en este programa, tanto para nuestra seguridad como para la de ellos. Practicar los principios del amor incondicional en el Duodécimo Paso es esencial. Nadie necesita amor sin condiciones más que un Superviviente Propósito. Por lo tanto, no pedimos nada a las personas por las que llevamos el mensaje. Nosotros no pedimos dinero. No pedimos gratitud, ni les pedimos que dejen su relación abusiva. Simplemente nos extendemos.

Esto no significa en modo alguno que no debamos protegernos ni tomar precauciones. Si creemos que no es seguro traer al Superviviente Propuesto a nuestro hogar, no deberíamos. Practicar los principios del amor incondicional no requiere que nos permitamos ser abusados. A veces la mejor manera de ayudar a alguien es dejar de habilitarlo y simplemente orar por su restauración.

A menudo, no consideramos los efectos que nuestras acciones tienen en otras personas, porque no vemos los cambios en la persona. Podría ser alguien de nuestra juventud, un compañero de trabajo, un amigo de hace mucho tiempo, o simplemente un extraño que conocimos en el camino. Cada decisión que tomemos debe ser tomada con cuidadosa consideración no solo por nuestra vida sino por las personas que nos rodean. Ser absolutos en nuestras elecciones no siempre es posible, y cometemos errores o decimos cosas que no queremos decir. Somos humanos. El factor importante aquí es que manejamos la situación. ¿Actúas apropiadamente y resuelves cualquier problema inmediatamente, o mantienes el trauma dentro, encerrándolo? La respuesta debe ser clara.

El tema del patrocinio es una parte importante de este programa y su restauración. Llevamos el mensaje, no para nosotros mismos, sino para beneficio de los demás. Encontrar alegría en el ser de servicio es una parte crucial de tener un contacto consciente con su Poder Superior. La conexión proporciona una manera de eliminar el egoísmo de nuestro comportamiento y reemplazarlo con amor y compasión por otra persona.

Cuando alguien aprende a ayudar a otros voluntariamente, aprende a crecer, desde un lugar de paz, no de miedo. Entonces podemos ver que nuestros esfuerzos traen esperanza a otro Sobreviviente Propósito, el dolor y el abuso de nuestro pasado no fue en vano. Este compromiso garantiza que sigamos practicando los principios de nuestro programa, a pesar de cómo nos sintamos. La restauración exige un compromiso total cada día.

¡Guau! Aquí está en la sección final del Paso Doce. Deberías sentirte orgulloso de tu logro. Los laboriosos esfuerzos del trabajo que lograste te han abierto la puerta para una segunda oportunidad en la vida.

Nos encontramos uniéndonos a la sociedad con emoción. Las pequeñas cosas más simples parecen fáciles. Podemos asumir un estado de autoconfianza y aplomo entre otras personas. Nuestras miras están puestas en vivir, no sólo en sobrevivir. Si se preguntan cuál será el próximo paso, esa es una actitud positiva. Sigue buscando para encontrar tus respuestas. Es a través de esta búsqueda que descubrimos el verdadero significado de la vida.

Ya sea que usted elija comenzar inmediatamente a trabajar los pasos de nuevo con su nueva perspectiva o simplemente respirar y vivir depende de usted ahora. Disfruta de libertad. Sin embargo, cuando te encuentras impotente sobre una situación, o cada vez que más ha sido revelado, los pasos están disponibles mientras nuestro camino a la restauración continúa.

Mientras reflexionamos sobre de dónde venimos y lo que nuestra restauración ha traído a nuestras vidas, solo podemos encontrar gratitud. Cada uno de nosotros tiene algo especial que ofrecer al mundo, y a través de este programa, usted tiene la capacidad y el conocimiento para perseguir esos intereses con total libertad. Solo con una actitud de gratitud podemos lograr una restauración completa.

## ¿Cómo Expresaré Mi Agradecimiento Hoy?

# Libros adicionales

- **Saliendo Vivo**
- **Conceptos básicos sobre supervivientes**
- **Comienzos iniciales**
- **12 Guía paso a paso para la restauración**

Síguenos: @purposeSurvivor.com

www.ingramcontent.com/pod-product-compliance
Lightning Source LLC
Chambersburg PA
CBHW071859070526
44583CB00016B/1755